赢家的
秘诀

平稳盈利

期权投资的立体思维与实战技巧

龙世奇　王凯元　刘智咏 ◉ 著

四川人民出版社

图书在版编目（CIP）数据

平稳盈利：期权投资之立体思维与实战技巧/龙世奇，王凯元，刘智咏著 .—成都：四川人民出版社，2022.1

ISBN 978 - 7 - 220 - 12485 - 3

Ⅰ.①平⋯ Ⅱ.①龙⋯ ②刘⋯ ③王⋯ Ⅲ.①期权－投资分析 Ⅳ.①F830.9

中国版本图书馆 CIP 数据核字（2021）第 235578 号

PINGWEN YINGLI：QIQUAN TOUZI ZHI LITI SIWEI YU SHIZHAN JIQIAO

平稳盈利：期权投资之立体思维与实战技巧

龙世奇　王凯元　刘智咏　著

责任编辑	何朝霞
封面设计	张　科
版式设计	戴雨虹
责任校对	申婷婷
责任印制	周　奇

出版发行	四川人民出版社（成都市槐树街 2 号）
网　　址	http://www.scpph.com
E-mail	scrmcbs@sina.com
新浪微博	@四川人民出版社
微信公众号	四川人民出版社
发行部业务电话	(028) 86259624　86259453
防盗版举报电话	(028) 86259624
照　　排	成都木之雨文化传播有限公司
印　　刷	四川五洲彩印有限责任公司
成品尺寸	185mm×260mm
印　　张	12.25
字　　数	200 千
版　　次	2022 年 1 月第 1 版
印　　次	2022 年 1 月第 1 次印刷
书　　号	ISBN 978 - 7 - 220 - 12485 - 3
定　　价	58.00 元

第一章

期权简述

期权，是指一种合约，源于 18 世纪后期的美国和欧洲市场，该合约赋予持有人在某一特定日期或该日期之前的任何时间以固定价格购进或售出一种资产的权利。

1.1　期权的意义

金融市场有各种投资工具能够实现投资功能，比如，看好股市，可以买入股票等待上涨获取利润，或者看好或看弱大宗商品的走势，可以利用期货的双向交易来博取利润。作为传统的金融投资工具，股票和期货要实现盈利，只需要关注一个核心点，那就是方向。只要你的持仓方向对了，最终结果都能走向盈利。

交易最终的目的是为了盈利，那除了"方向"这个维度外，是否还有另外的交易维度，能提供更丰富、更安全、胜率更高的盈利实现方案呢？

有，那就是期权。

期权作为金融工具，最大的独特性是其非线性的收益结构。也就是说，我们认为未来一个月，股票只会涨到 10 元，不会超过 20 元，那可以把股票不会涨过 20 元的这个预期，用期权来实现。换言之就是我们愿意出让股票从 10 元涨到 20 元的这部分利润，因为我们认为不会涨到这个位置。所以，有了期权，就可以用非线性的收益结果来实现各种行情预期，而这些是传统的股票没办法实现的。

也正因为期权的这个特点，才让整个金融市场具备了风险的完全分散，才使得市场成为一个完备的金融市场。

投资的目的很简单，就是盈利！而期权相对传统的股票和期货，解决了一个难题，它降低了交易的难度，让交易更从容，提高了获利的胜算。换言之，期权为买卖双方提供了多维度的盈利实现方案。只要你对市场有观点，有看法，不管是看涨，看跌，看震荡，看突破，都可以用期权来表达，针对不同的市场行情运用特定的交易策略，能让交易变得更加简单纯粹。

期权离生活并不远，生活中处处可以看到期权的实用场景。例如买房子交定金，保险公司卖保险，公司给优秀员工奖励股票期权，等等。

我们再用一个事例，来了解期权：

村里的张三，听说有个大型的公路计划会经过村口，所以他决定买下村头十字路口的那块地去开个饭店，于是他找那块地的主人李四谈。李四开价100万元，但张三考虑到修路至少要好几年，所以那块地买下来后至少要空置1年，所以张三和李四商量，张三同意100万元的价格，但1年后再交款。张三和李四就签订了一个远期合同，双方同意，到合约约定的时间，进行资金和土地的交易。

但是1年的时间里，还面临着公路项目停止的各种不确定性。所以张三想和李四约定，如果1年后公路项目确定进行则买入这块地，如果项目停止就不买这块地。但李四肯定不干啊，土地是李四的，只有张三愿意支付一定的费用，李四才有理由同意这个方案，如果项目顺利，李四既卖了土地又获得了这1年里的定金，如果项目终止，那李四的地不用卖了，但也赚到了张三的定金。

1.2　期权的定义

本质上，期权是一种未来可以行使的权利，而期权在交易上的本质就是对权利的定价。通过买卖双方的竞价，实现最终期权内在价值的定价过程。

换言之，当期权买方认为这份权利在此时此刻被低估，有交易价值，买方资金就会做多买入合约，从而推高价格，相反如果卖方认为权利被高估，没有价值，就会做空期权，从而压低价格。最终买卖双方的竞价角力，使得期权回到它本身应该有的价值，没价值的期权最终归零，有价值的期权则实现最终的内在价值。

从另一角度理解，你购买了这份权利，当权利对你有利时，可以行使权利让自己获利，而权利的卖出方，必须无条件地履行卖出权利的义务，这时期权买方获利，卖方亏损，但当期权对自己不利时，可以放弃权利，这时买方损失权利金，而卖方赚取权利金获利。

举个例子：你看中了一套房子，交了定金，确定了楼盘开盘每平方米 1 万元的价格，楼盘开盘时，即便开发商每平方米涨价卖到 100 万元，因为你交了 1 万元的定金或者叫权利金，购买了开盘时每平方米 1 万元售价的权利，开发商作为权利的卖出方，收到了 1 万元押金，就必须履行按原价卖出的义务，哪怕房价每平方米涨到 100 万元都必须按照定金合同约定的价格卖给买方。当然如果开盘时开发商降价，只卖到 5000 元一平方米时，对于这种不利的情况，作为交了定金购买了权利的买方，就会直接选择放弃权利，虽然买方失去了 1 万元的定金，但却回避了风险。

1.3 期权的独特性

期权是金融衍生品，它与股票、期货的不同点在于维度更多、权利义务不对等、有期限、有价格竞争等方面。

1.3.1 多维度

股票和期货只关心一点，那就是方向。

而期权有很多股票和期货不具有的特点，而恰好是这些独特性，实现了期权盈利的多样性。

总结起来，期权可以赚时间的钱，赚波动的钱，当然更可以赚方向的钱。多维度的独特性带来了丰富的交易策略，只要策略运用得当，不管当前市场向哪个方向波动、如何波动，期权都会带来不一样的交易体验和正向积极的交易结果。

1.3.2 买方权利与卖方义务的不对等性

期权的买方可以选择行使权利也可以选择放弃权利。但期权的卖方，没有权利只有义务，只要买方提出行权，卖方必须无条件履约。期权的买方理论利润无限，卖方理论风险无限，就是源自期权买方和卖方的权利义务的不对等。

早在 1700 年前的《圣经》故事里就讲到了期权权利方和义务方的关系。

《圣经》故事中，雅各布要娶班拉的女儿，但班拉提出了一个要求，就是雅各布必须给班拉工作 7 年才能获得迎娶班拉女儿的权利，雅各布欣然同意。7 年过去了，雅各布用 7 年的劳动付出获得了迎娶班拉女儿为妻的权利，只要雅各布愿意娶，班拉就必须把女儿嫁给他。但 7 年后，雅各布变成了颜值派，班拉女儿长成了歪瓜裂枣，那雅各布可以选择放弃这份权利，这时雅各布损失的只是 7 年的时间，而班拉不仅赚了他的时间也留住了自己的女儿。所有一切的重心，就是雅各布，通过付出时间他获得了权利，如果权利对他有利，他可以行使权利，如果不利，则可以放弃。

1.3.3　期权的剩余时间

每一份期权都有最后行权日，也就是权利最后兑现的日子。换句话说，每一份期权都有一个保质期。期权的剩余时间决定了期权的价值。例如超市的牛奶，越临近保质期，促销力度越大，价格就越低，直到最后舍弃归零。期权也是一样，就像虚值期权，只有时间价值，越临近到期日，价格就越低。

1.3.4　期权价格实际上是竞价的结果

期权的价格在到期前，会以期权执行价为锚定参考，随着标的资产价格的波动而波动，而期权价格的波动来源，就是市场交易参与者连续竞价的结果。期权是否有价值，是否值钱，是买卖双方资金用脚投票出来的结果。由此就引申出了隐含波动率概念，除了隐含波动率的经典公式解释外，从交易的实质上看，期权的隐含波动率其实就是市场的情绪表达，当隐含波动率上涨时，说明交易热情高涨，有资金积极入场，从而推高或者打低期权的价格；相反，隐含波动率下跌时，说明买卖双方都没什么兴趣，对目前的市场缺乏交易热情，因此资金纷纷流出市场，交易清淡，从而导致期权价格下降。

1.4　期权类型及期权标准合约

1.4.1　美式期权和欧式期权

美式期权就好像是一张月饼票，只要在中秋前你都可以去兑换月饼。也就是说，在最后行权日之前的任何一天，你都可以行权，行权很自由，就是美式期权的特点。欧式期权就好像是电影票，只有在固定的时间才可以去看电影，不能早也不能晚，很刻板，这就是欧式期权的特点。

我国市场大多数的期权品种都是欧式期权，只有在最后行权日当天才可以行权。

1.4.2　实值期权、虚值期权和平值期权

简而言之，在当下时刻，如果行权有利可图就是实值期权；如果无利可图就是虚值期权；如果当前行权价格和市场标的价格一致，就是平值期权。

1.4.3　期权标准合约基本知识

在做期权交易之前，我们要先了解期权标准合约的内容。如表 1-1 为沪深 300 股指期权的标准化合约。

表 1-1　沪深 300 股指期权的标准化合约

交易品种	沪深 300 股指期权
报价单位	指数点
最小变动价位	0.2 点
涨跌停板幅度	上一交易日沪深指数收盘价的正负 10%
合约交割月份	当月、下 2 个月及随后 3 个季月
交易时间	9:30－11:30，13:00－15:00
最后交易日	合约到期月份的第三个星期五，遇国家法定假日顺延
最后交割日	同最后交易日
交割方式	现金交割
交易代码	看涨期权：IO 合约月份－C－行权价格 看跌期权：IO 合约月份－P－行权价格

续表

上市交易所	中国金融期货交易所
合约乘数	每点人民币 100 元
合约类型	看涨期权、看跌期权
行权价格	行权价格覆盖沪深 300 指数上一交易日收盘价上下浮动 10％对应的价格范围，对当月与下 2 个月合约：行权价格≤2500 点时，行权价格间距为 25 点；2500 点＜行权价格≤5000 点时，行权价格间距为 50 点；5000 点＜行权价格≤10000 点时，行权价格间距为 100 点；行权价格＞10000 点时，行权价格间距为 200 点。对随后 3 个季月合约：行权价格≤2500 点时，行权价格间距为 50 点；2500 点＜行权价格≤5000 点时，行权价格间距为 100 点；5000 点＜行权价格≤10000 点时，行权价格间距为 200 点；行权价格＞10000 点时，行权价格间距为 400 点
行权方式	欧式

交易品种：指我们交易的对象——沪深 300 股指期权，是针对沪深 300 指数的期权合约。

报价单位：指数点。以沪深 300 指数的点位来报价。

最小变动价位：0.2 点。指该期权最小价格的波动幅度，它可以由 100 点上涨至 100.2 点或下跌至 99.8 点，但不能上涨至 100.1 点或下跌至 99.9 点。

涨跌停板幅度：期权也有涨跌停板限制。但这个当日最大涨跌幅度并不是由它自身来设定，而是根据沪深 300 指数按前一个交易日收盘价的正负 10％来确定。

合约交割月份：当月、下 2 个月及随后 3 个季月。当月即指当前的月份，季月是指 3 月、6 月、9 月和 12 月。例如当前为 2021 年 8 月，那么就有 2021 年的 8 月、9 月、10 月、12 月和 2022 年 3 月、6 月，共 6 个合约在交易。

交易时间：与股票市场相同。

最后交易日：指当前合约到期的那一天。

最后交割日：指最终大结算的那一天，与最后交易日相同。

交割方式：现金。不论是行权还是履约，不论盈利还是亏损，都以现金轧平。

交易代码：例如 2021 年 8 月到期、行权价为 5000 点的看涨期权，写作 IO2108－C－5000。例如 2022 年 3 月到期、行权价为 4000 点的看跌期权，写作 IO2203－P－4000。

上市交易所：中国金融期货交易所。

合约乘数：每点人民币 100 元。这是重要的信息，因为不同的期权合约有不同的期权乘数。如果盈利 1 点，即盈利 100 元；亏损 1 点，即亏损 100 元。如果是 50ETF 期权，乘数是 1 万，即盈利或亏损点数乘以 1 万；如果是商品期货，要看对应的商品期货的最小交易量是多少吨。例如豆粕期货的最小交易量是 10 吨，那么对应的豆粕期权盈亏计算为盈亏点数乘以 10，铜期货的最小交易量是 5 吨，那么对应的铜期权盈亏计算为盈亏点数乘以 5。

合约类型：看涨期权、看跌期权。

行权价格：期权不可能给每一个点位设置一个行权价合约，例如不能给 3000 点行权价设计一个合约，再给 3001 点行权价设置一个合约。太烦琐、效率不高，会导致每个合约的流动性都降低。所以规定，只能以约定的步长来设立交易合约。

行权方式：欧式，即只有在最后行权日才可以行权。与之对应的是美式，即在到期之前的任何一个交易时间，都可以行权。除了欧式和美式，还有很多种行权方式，但在我国上市的期权品种中，只有欧式和美式。

1.5 期权的四种基本策略

期权策略的丰富性就好像搭积木，不同期权合约以不同的方式组合就可以表达不同的策略，跨式期权、蝶式期权、鹰式期权、比例价差、日历价差、对价价差，等等。策略虽然很多，但都由 4 个最基本的期权策略组合而成。知道了这四个最基本策略的特点、性质，其他五花八门的交易策略都可以做到触类旁通。

可能很多朋友都看了很多期权的书也听了很多期权的课，但一打开行情软件还是一头雾水，不知道自己对待行情到底应该是什么观点，看涨看跌到底该怎么用，合约那么多，到底怎么选。带着这些问题，我们从期权四大基本策略来一一解决问题。

1.5.1 买进看涨期权

图 1-1 是沪深 300 指数的一段 5 分钟的走势。按照经典的突破理论，当价格向上突破压力时，行情大概率会展开一波向上的行情。

这时有两种选择，我们分别来对比下。

如果在突破的时候选择买入沪深 300 股指期货，从突破位到冲击到的最高点 5382，上涨幅度为 3.15%，由于是期货，所以我们给它加上 10 倍的杠杆（实际为 7 倍左右），收益率也仅为 31.5%。如图 1-2 为同期沪深 300 股指期货 5 分钟走势图。

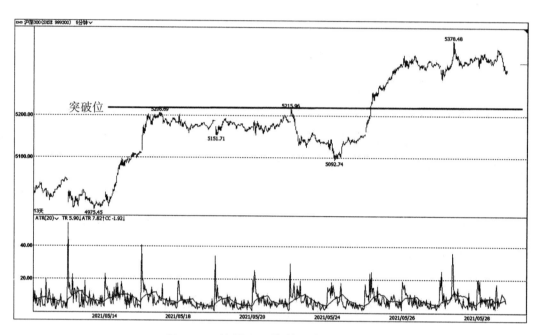

图 1-1　沪深 300 指数 5 分钟走势图

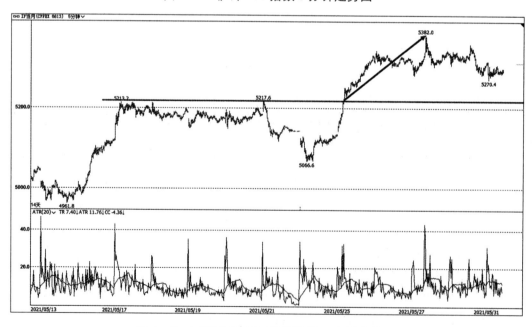

图 1-2　同期沪深 300 股指期货 5 分钟走势图

另外一种选择是，我们可以选择当时沪深300指数期权的平值看涨期权。以平台突破点为开仓时间点，买入当时的平值看涨期权，至最高涨幅为55.99%。图1-3为同期沪深300指数平值看涨期权5分钟走势图。

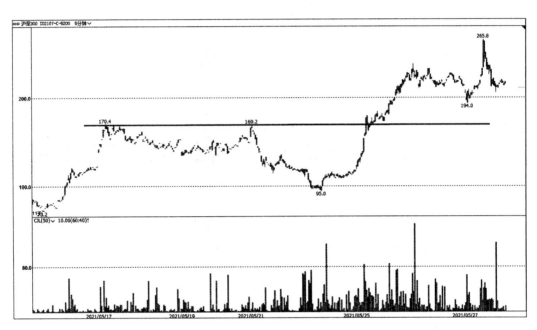

图1-3　同期沪深300指数平值看涨期权5分钟走势图

因此，当标的发生明显上涨的时候，例如突破，选择了新的方向，可以利用买入看涨期权博取更大的利润。

1.5.2　卖出看跌期权

看跌期权是看涨期权的翻转版，它们之间是反向关系。看图1-1的例子，当沪深300指数突破向上运行时，我们可以确定的是价格运行的方向，即向上，但不确定行情运行的强度，是震荡盘升还是强劲的单边上涨，因此我们可以用另外一种观点来表达行情，那就是行情跌不破或跌不动。所以，我们可以用卖出看跌期权来获取这段沪深300指数上涨行情的利润，在这段行情中，做空看跌期权获取了58%的利润，相对于直接买入300ETF，做空看跌期权的利润同样也很丰厚。图1-4为同期沪深300指数平值看跌期权5分钟走势图。

图 1-4　同期沪深 300 指数平值看跌期权 5 分钟走势图

你可能有疑问：为什么标的在上涨的时候，看跌期权反而会下跌？因为标的行情上涨，看涨它的期权自然涨价，看跌它的期权看错了方向，价值越来越低，价格自然就越来越低。

我们可以简单地把买进、看涨、上涨看作"正"，把卖出、看跌、下跌看作"负"，那么就有：

买进看涨期权，正正得正，即为上涨；

买进看跌期权，正负得负，即为下跌；

卖出看涨期权，负正得负，即为下跌；

卖出看跌期权，负负得正，即为上涨。

所以，同样的一波行情，我们可以用两种观点来表达。当认为行情会大幅单边强势上涨时，可以用买入看涨期权来获取利润。如果认为行情方向确定，但不一定会走得很强，很可能是震荡上涨，走 3 步退 2 步的波动节奏，那么这时就可以用卖出看跌期权来表达对行情的观点。

因此，对同样一波沪深 300 指数上涨的行情，分别可以用看涨和看跌期权来表达对行情的走势观点。

1.5.3　买进看跌期权

以 50ETF 为例，图 1-5 为 2021 年 2 月 18 日指数一段下跌的走势。由 4.099 元下跌至 3.362 元，跌幅 17.98％。

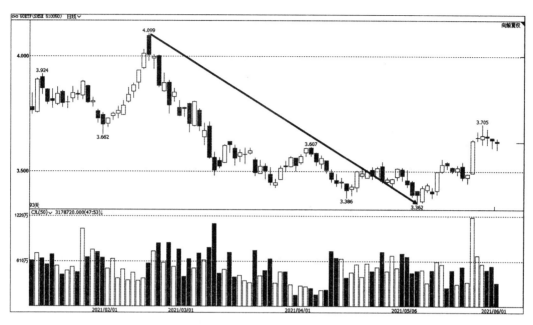

图 1-5　2021 年 2 月 18 日起 50ETF 一段下跌走势图

当行情下跌时为了对冲股票风险或者赚取行情下跌的利润，我们可以买入看跌期权。图 1-6 为同期平值看跌期权走势图，标的 50ETF 下跌了 17.98％，但这段行情的平值看跌期权由 0.17 元上涨至 0.64 元，上涨幅度 276.47％。

图 1-6　同期平值看跌期权走势图

1.5.4　卖出看涨期权

除了表达对标的看跌的观点外，是否还可以认为标的价格上方压力很重，很难再涨上去。如果我们持有而价格涨不动，并持涨不上去的观点，那么我们应该如何在期权上找机会呢？图1-7为同期平值看涨期权走势图。

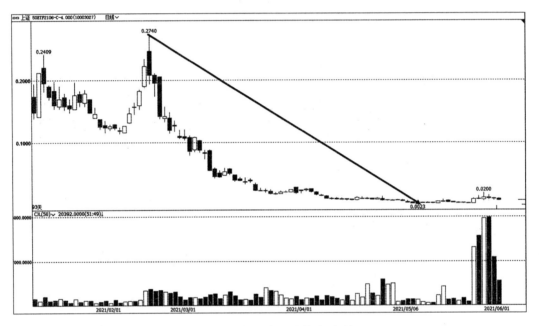

图1-7　同期平值看涨期权走势图

因为50ETF的标的价格一直处于下跌节奏，因此看涨期权自然下跌。当表达价格在下跌趋势中很难涨上去，或者上方压力很重价格很难上涨的意图时，就可以选择卖出看涨期权。同期所对应的平值看涨期权下跌幅度达到了99.16%。

因此，对待同样的下跌行情，依然可以用看跌和看涨期权来表达对这波行情的观点。

当认为标的走势将破位"强势单边"下跌时，可以选择买入看跌期权，获取利润；

认为标的价格走势方向向下，但并不会跌得很流畅，可能是类似跌3退2这种节奏，但可以确定的是标的价格上方的压力很重，价格很难突破上去，基于这种场景，可以选择卖出看涨期权，赚取标的下跌时做空看涨期权带来的利润。

可见，期权只有最基本的两个策略：看涨期权和看跌期权！但期权可以双向交易，因此两个基本策略就衍生出了四个基本策略：买入看涨期权，买入看跌期权，卖出看涨期权，卖出看跌期权。

总结一下，期权的四大基本策略构造了庞大的期权策略的基础。再复杂的策略，都由这四大基本策略组成。但实际操作中，必须清楚，哪种行情适合做期权的买方，哪种行情场景适合做期权的卖方。买方和卖方的选择，在期权实战交易中有着天壤之别。

期权的买方和卖方选择的不同，意味着风险回报比和交易胜率的不同。期权投资一直流传着一句经典的话，正是这句经典的话把期权引入了一个错误的方向。这句话是：做期权的买方利润无限风险有限，期权卖方利润有限风险无限。这句话道理上没错，但在实际应用上却有个相当大的误区。因为它往往忽略了后面一句话，那就是：期权买方常常归零！亦即所谓的血本无归。

理论上期权的买方虽然利润可以无限大，但因为期权的各种特性（后面会讲到），期权买方交易的胜率很低，所以做期权的买方盈亏比很大，亏小赚大，但胜率很低。所以才会经常有人说，做期权为什么做对了方向结果买的期权最终还是亏的，或者本来赚了大钱，但最后利润全部回吐甚至还亏了本金。

期权买方是可以博取赚大钱的机会，但并不是指所有行情。只有特定的行情才可以发挥出期权买方的优势，才具备获取丰厚利润的机会。期权的卖方理论上风险无限，但往往忽略了止损的重要性，从实际交易结果来看，期权时间价值的流失会给期权卖方带来天然的优势（后面会具体讲到）。所以做卖方，交易的胜率很高，控制好交易风险，期权卖方可以在交易中不断地积累小利润最终实现汇积江海的效果。

到底什么样的行情场景能把期权的买方和卖方优势体现出来？这就涉及影响期权利润的三大因素，影响期权利润的三大因素是构建期权交易的基础，也是建构期权立体交易思维的主要内容。我们在后面将作详细解答。

1.6　期权盘面

目前提供期权行情的软件很多，各有特色，主要包括汇点期权、博弈大师、文华财经。汇点期权软件主要用于交易股票 ETF 期权，而博弈大师和文华财经可以交易商品期权。

以文华财经软件为例，如图 1-8（可以打开软件对照）：

| 标的 豆粕 m2109 | 合约名称 | 最新 3549 | 涨跌 28 | 涨幅% 0.80% | 成交量 617293 | 持仓量 1272069 | 日增仓 -1475 | 开盘 3527 | 最高 3572 | 最低 3517 | 昨收 3521 | 昨结算 3526 | 组合策略 |
| 到期日 20210806（剩余66天） | 豆粕2109 | | | | | | | | | | | | |

杠杆比率	隐含波动率	内在价值	时间价值	持仓量	成交量	卖价	买价	涨跌	最新	看涨	〈行权价〉	看跌	最新	涨跌	买价	卖价	成交量	持仓量	时间价值	内在价值	隐含波动率	杠杆比率
3.46	0.00%	1049.0	-23.0	23	0	1056.0	1044.0	0.0	—	C	2500	P	1.5	1.0	1.0	1.5	94	1368	1.5	0.0	35.13%	2366.00
3.64	0.00%	999.0	-23.0	30	0	1006.5	994.5	0.0	—	C	2550	P	1.5	1.0	0.5	1.5	29	771	1.5	0.0	33.35%	2366.00
3.83	0.00%	949.0	-23.0	32	0	956.5	944.0	0.0	—	C	2600	P	—		1.0	1.5	0	272	0.5	0.0	29.87%	7098.00
4.05	0.00%	899.0	-23.0	20	0	908.0	896.0	0.0	—	C	2650	P	1.5	1.0	1.0	2.0	30	169	1.5	0.0	29.87%	2366.00
4.30	0.00%	849.0	-23.0	42	0	857.5	845.5	0.0	—	C	2700	P	1.5	1.0	1.0	2.0	0	328	0.5	0.0	0.00%	7098.00
4.57	0.00%	799.0	-23.0	481	0	806.5	794.5	0.0	—	C	2750	P	3.0	2.5	3.0	3.5	10	495	3.0	0.0	29.26%	1183.00
4.89	0.00%	749.0	-23.0	24	0	757.5	745.5	0.0	—	C	2800	P	3.0	2.5	3.0	3.5	56	1029	3.0	0.0	27.46%	1183.00
5.25	0.00%	699.0	-23.0	22	0	709.5	697.5	0.0	—	C	2850	P	3.0	2.5	2.5	3.5	41	629	3.0	0.0	25.69%	1183.00
5.29	36.20%	649.0	22.0	1	660.0	648.5	44.5	671.0		C	2900	P	3.5	3.0	3.5	4.5	81	439	4.0	0.0	25.10%	887.25
6.15	0.00%	599.0	-22.0	44	0	610.5	599.0	0.0	—	C	2950	P	4.0	2.0	3.5	4.5	121	234	4.0	0.0	23.30%	887.25
6.37	24.62%	549.0	8.0	94	2	563.0	551.0	28.5	557.0	C	3000	P	5.0	1.5	5.0	5.5	359	7355	5.0	0.0	22.40%	709.80
7.38	0.00%	499.0	-18.0	131	0	512.5	500.5	0.0	—	C	3050	P	6.0	0.0	6.0	7.0	253	2924	6.0	0.0	21.31%	591.50
8.18	0.00%	449.0	-15.0	221	0	464.5	453.0	0.0	—	C	3100	P	7.0	-2.0	7.0	7.5	284	3730	7.0	0.0	20.08%	507.00
9.18	0.00%	399.0	-12.5	226	10	415.5	404.0	-2.5	386.5	C	3150	P	8.0	-5.5	7.5	8.5	571	4061	8.0	0.0	18.71%	443.63
9.59	21.70%	349.0	21.0	208	10	368.0	357.0	24.5	370.0	C	3200	P	12.5	-7.5	12.0	12.5	745	7912	12.5	0.0	18.75%	283.92
11.41	16.31%	299.0	12.0	1829	9	320.5	310.5	7.5	311.0	C	3250	P	16.5	-12.0	16.0	16.5	546	5581	16.5	0.0	18.04%	215.09
13.02	17.68%	249.0	23.5	3800	216	274.0	269.5	8.0	272.5	C	3300	P	23.0	-16.0	23.0	23.5	1727	9098	23.0	0.0	17.66%	154.30
15.17	17.95%	199.0	35.0	3620	90	233.0	230.0	6.0	234.0	C	3350	P	32.0	-20.5	31.5	32.5	2138	10195	32.0	0.0	17.39%	110.91
18.11	17.66%	149.0	47.0	6447	307	198.0	196.0	2.0	196.0	C	3400	P	42.5	-26.0	42.5	43.5	3007	21876	42.5	0.0	16.89%	83.51
22.11	17.27%	99.0	61.5	10759	1207	163.5	160.5	-3.0	160.5	C	3450	P	58.5	-29.5	58.5	59.5	3885	18632	58.5	0.0	16.86%	60.67
26.58	17.76%	49.0	84.5	27535	2548	134.5	133.5	-3.0	133.5	C	3500	P	78.5	-32.0	78.5	79.5	3775	46878	78.5	0.0	16.89%	45.21
32.86	17.85%	0.0	108.0	27231	2731	109.0	108.0	4.0	108.0	C	3550	P	103.5	-32.5	102.5	104.0	3424	17708	102.5	1.0	17.10%	34.29
40.56	18.16%	0.0	87.5	27536	7017	88.0	87.0	-3.5	87.5	C	3600	P	133.5	-31.5	132.5	134.0	2021	28223	82.5	51.0	17.51%	26.58

全部 看大涨 看大跌 看小涨 看小跌 看不涨 看不跌

图 1-8 文华财经软件中的期权界面

图中间一列为行权价。看涨期权和看跌期权分布在行权价的两边，像个字母 "T"，因此我们把期权行情图称为"期权 T 型报价图"。

1. 行权价

什么是行权价？即买卖双方约定的价格。

以看涨期权为例，按图中显示行权价 3600 元的看涨期权价格为 87.5 元（见图 1-8 最后一行）。即买进行权价为 3600 元的看涨期权，买方就有权利在到期日之前，不论当时价格是多少，都有权以 3600 元的价格买进。哪怕真实价格已经涨至 1 万元、5 万元或 10 万元。而看涨期权的卖方，只要看涨期权的买方要行使权利，不论真实价格多少，卖方都必须按约定的 3600 元卖给买方。

同理再看看跌期权。图中显示行权价为 3600 元的看跌期权价格为 133.5 元。即买进行权价为 3600 元的看跌期权，买方就有权利在到期日之前，不论当时价格是多少，都有权以 3600 元的价格卖出，哪怕真实价格已经跌至 2000 元、1000 元甚至 0 元。而看跌期权的卖方，只要看跌期权的买方要行使权利，不论真实价格多少，卖方都必须按约定的 3600 元买下买方手中的标的。

2. 平值期权

行权价的左侧区域是看涨期权，右侧区域是看跌期权。行权价的下方有横线标记的为近似平值期权。

什么是平值期权？平值期权就是当前标的价格与行权价相等。若标的价格为 3500 元，那么行权价为 3500 元的期权即为平值期权。在真实交易中，标的价格不会一直保持不变，所以当标的价格变为 3499 时，理论上行权价为 3500 元的期权便不再是平值期权了。但由于标的价格 3499 元与行权价 3500 元最接近，所以行权价 3500 元的期权也被近似地看成是平值期权。

3. 虚值期权和实值期权

由平值期权可以衍生出另外两个概念——虚值期权和实值期权。

什么是虚值期权？

以看涨期权为例，若行权价格高于标的当前价格，即为虚值期权。假设当前标的价格为 3500 元，那么行权价高于 3500 元的所有看涨期权，皆为虚值期权，例如行权价为 3600 元的看涨期权或行权价为 3700 元的看涨期权。

以看跌期权为例，若行权价低于标的当前价格，即为虚值期权。假设当前标的价格为 3500 元，那么行权价低于 3500 元的所有看跌期权，皆为虚值期权，例如行权价为 3400 元的看跌期权或行权价为 3300 元的看跌期权。

为什么特别强调平值期权？因为平值期权是波动最大的期权，它拥有最大的 Gamma 值，我们在后面讲五个希腊字母的时候会详细讲述。在行情波动过程中，平值期权往往是上涨下跌绝对数额最大的合约，往往也是成交量最大的合约。

再看图 1-8，标的价格是 3549 元。

那什么又是实值期权？实值期权就是行权价格小于标的资产当前价格的看涨期权，或行权价格大于标的资产当前价格的看跌期权。以实值期权为例，我们以 133.5 元的价格买进行权价为 3500 元的看涨期权，如果当时行权，仔细算账是亏损的。行权后，看涨期权的卖方以 3500 元的价格将标的卖给我们，我们再以市场价 3549 元卖掉，赚 49 元。但我们买这份权利却付出了 133.5 元的代价，总账亏了 84.5 元。

以虚值期权为例，我们以 87.5 元的价格买进行权价为 3600 元的看涨期权。我们肯定不会行权，因为行权后，我们须按约定的 3600 元的价格买标的。可当前价格是 3549 元，我们不如直接在市场上买，更便宜。

所以问题在于，怎么算账都是亏损的。我们为什么要花 84.5 元的价格买实值期权，或花 87.5 元买虚值期权呢？

这涉及两个概念——内在价值和时间价值。

4. 内在价值和时间价值

内在价值仅针对实值期权。实值期权的行权价比标的价格要低，真实情况下不会有人卖得比市场价还要低，理论上市场中不存在无风险套利空间。所以想要买这份权利，必须先把行权价与标的价格之间的差额补上。

上例中，标的价格为 3549 元，看涨期权行权价为 3500 元，之间的差额为 49 元。那么权利金 133.5 元中的 49 元，就是内在价值。

虚值期权的行权价高于标的价格，所以不存在补差额的问题，所以虚值期权的内在价值为零。

将权利金中的内在价值去除后，剩余部分为时间价值。实值期权的权利金包含内在价值和时间价值两部分。平值期权和虚值期权的权利金全部为时间价值。

为什么会有时间价值呢？因为期权交易并不是即时交易，而是延时交易。我们付出权利金，购的是权利，但有一个附加条件，就是在约定的某一段时间内的权利，并不是永久性权利。

在这段时间内，如果标的如我们预期的向上涨，我们获利，理论上盈利无限。若标的未按我们预期上涨，转而下跌，我们亏损，但亏损有限。所以我们买期权，相当于买了一份保险，即买了一份我们预判可能出错的保险。买保险是为了让我们在出错的时候减少亏损，这份保险是需要付出成本的。这就是时间价值。

时间越长，在这段时间内出现变化的可能性就越高，时间价值就大，期权价格就越高，即保险费用越高。随着时间的流逝，时间价值每时每刻都在衰减。如果在到期之前，标的价格都未能朝向对我们有利的方向发展，时间价值归零。所以时间是期权买方的敌人。

那么时间对期权的卖方来说，随着时间流逝，时间价值衰减，每过一刻，对期权卖方就越有利一点。所以时间是卖方的朋友。

1.7 影响期权价格的三大因素

期权的价格受三个核心因素影响：方向、时间和波动率。

当三个因素对期权都处于有利位置时，期权合约将发挥最大的价值。当有一个因素对期权不利时，就要考虑另外两个因素的优势是否足以覆盖这一个因素的劣势。

因此，每一个核心因素都深刻影响着期权的价格波动，如果只关注方向不留意时间和波动率，最终的结果可能并不理想。所以，好的期权交易，必然要在三个因素中找到一个最佳的契合点，才能发挥期权最大的价值。

1.7.1 标的波动方向

如图1-9为50ETF2021年5月的一段日线图，图中所示2021年5月25日当日50ETF上涨4.18%。

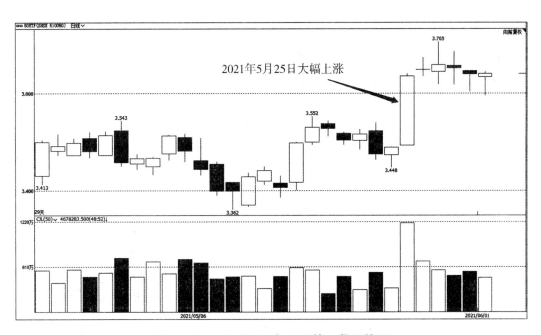

图1-9 50ETF2021年5月的一段日线图

当日平值看涨期权上涨158.43%，如图1-10为同期平值看涨期权日线图。

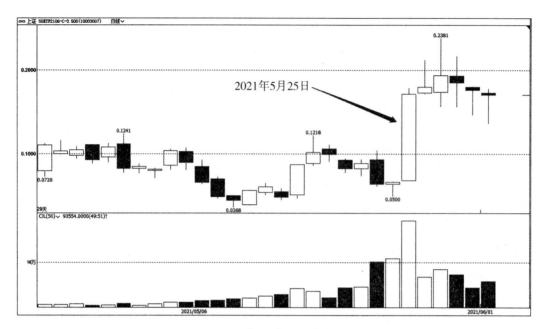

图 1-10　同期平值看涨期权日线图

再看当日平值看跌期权日线图，如图 1-11，下跌 65.69％。

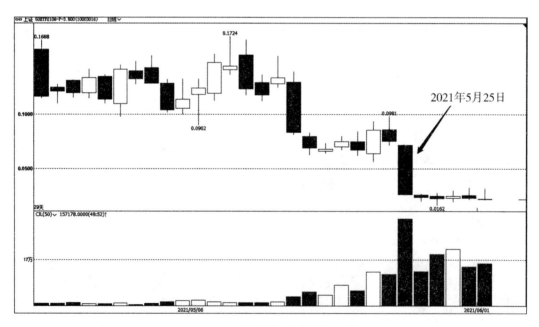

图 1-11　同期平值看跌期权日线图

期权价格波动来源：标的方向性波动。

行情标的大涨，看涨期权大涨，看跌期权大跌；

行情标的大跌，看跌期权大涨，看涨期权大跌。

标的的方向性波动是期权价格波动的直接原因。

1.7.2 时间价值

每个期权合约都有自己的存续时间，就像超市的商品，过了保质期，价值归零直接废弃。不同的期权合约也有自己不同的保质期，也就是最后行权日或者最后交易日，过了最后交易日，旧的合约消亡新的合约诞生。

在期权中，时间代表不确定性，离最后交易日时间越长，不确定性越高，可能性越低，因为虚值期权可能变成平值期权或者实值期权，实值期权也有可能变成虚值期权，时间越长，这种不确定性越高，价格的波动就越大，时间的价值也就越大。为什么有的虚值期权内含价值为零只剩时间价值，而且时间价值还很贵，就是因为离最后交易日的时间还很长，还有可能从没有价值的期权变成有价值的期权。

相反，时间越短，确定性越高，可能性越高，所以时间价值就越小。假设离最后交易日还有一个星期，目前的沪深300有可能涨1000点甚至2000点或更多，或者一个星期跌1000点甚至更多吗？这种可能性几乎为零，所以对应执行价的期权合约价格就很便宜。这就是说，由于有限的时间内，发生这种行情的可能性为零，所以对应的期权价格就很低。

期权价格由内含价值和时间价值构成，而时间价值就好像阳光下的冰块，不管是实值期权还是虚值期权，时间价值彻底融化只是时间问题！所以，对于只有时间价值的虚值期权来说，合约归零是最终的归宿。如图1-12。

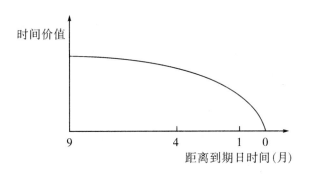

图1-12 时间价值衰减

金融市场唯一的不变就是永远的变化，但唯独时间不同。只有期权的时间价值，流逝是其永恒不变的表现。因为随着时间的流逝，时间价值每天都随着时间的消逝而流失。尤其在最后 30 天时间，时间价值会加速衰竭，直到最后归零。

例如白糖 2107 合约，正处于震荡走势中（见图 1-13）。白糖 2107 合约的期权最后交易日为 2021 年 6 月 3 日，当前时间为 6 月 1 日，还有 2 个交易日就要进入最后交易日。

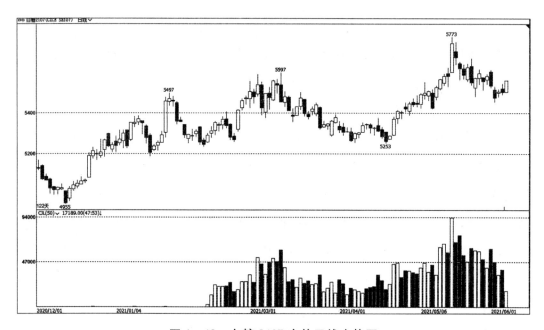

图 1-13　白糖 2107 合约日线走势图

白糖期权当时处于短期下跌结构中的震荡行情，对于行权价为 6300 元的看涨期权以及行权价为 4400 元的看跌期权来说，都是没有内含价值只有时间价值的虚值期权。对于还剩 2 个交易日的存续期中的虚值期权来说，在剩下的 3 天中白糖 2107 行情有没有可能从目前的 5559 元上涨到 6300 元或下跌到 4400 元，正常情况下这种可能性几乎为零。

对于有限时间内不可能的行情，期权的时间价值没有别的选择，只能走向归零。从图 1-13 白糖的看涨看跌期权走势图中可以看到，走势是一路稳定下跌的节奏，也就是说对于虚值期权，临近最后一个月的时间，时间价值会加速流失，直到最后归零。

时间价值的天然特性无法改变，只要时间有流失，时间价值就流失。这种天然的特性可以引申出丰富的交易策略，同时从时间价值流失的角度也可以发现，做期权的卖方，天然就占到了时间的优势，所以卖方尤其是虚值合约的卖方，交易的胜率高。

时间价值是期权利润的重要来源。对期权卖方尤其友好，因为卖方天生就占了时间价值流失的便宜。所以，为什么有的期权合约本来赚了钱，想着拿一拿赚更多，结果利润回吐甚至倒亏钱，究其原因，时间价值流失就是重要的一点。

1.7.3 波动率

波动率是期权交易体系的核心组成部分。只有认知了波动率，才能更好地理解期权，理解期权的价格。正确度量波动率以及预测波动率是期权交易的必要条件，重要性可见一斑！

波动率分为历史波动率、真实波动率、隐含波动率。

历史波动率就是标的历史走势中表现出的波动幅度。真实波动率是当前标的实际走出来的波动率。而隐含波动率是通过数学模型代入相关的数据，通过模型计算得出的波动率。

隐含波动率通常用来作为对真实波动率的预测同时也与历史波动率作对比，以此来衡量目前期权合约价格是被高估还是被低估，进而对实战交易做出指引。

但隐含波动率被高估或被低估并不是指导交易的绝对依据，就好比买股票，并不是股价低于每股净资产就一定会上涨，或者高于净资产就一定会下跌，这其中有太多的市场情绪和资金带动所导致的偏离，更多的时候是因为它此时此刻值这个价格。

交易本质上是讲逻辑的过程，做多波动率时，不是因为价格足够低，而是因为有足够的逻辑条件支持波动率上涨，只要有足够多而且有影响力的事情发生，就会带动波动率上涨。因此，在交易中一定要知道当时价格的市场背景以及所蕴含的逻辑意义。

对于隐含波动率，通过著名的 BS 模型导入期权合约的已知数据，就可以计算得出，很多行情软件都可以直接计算出来，但对于交易来说，隐含波动率的大小，实际上更多的是和市场资金的情绪和标的波动速度相关！例如在单边大跌 10% 后，行情反弹5％，随后进入震荡节奏，如果通过模型计算，波动率大概率还要上涨，但实际上恐慌情绪通过充分释放后，市场实际波动率会下降，这就是理论和实际的差别。

所以无须纠结模型、纠结计算，在实战交易中，除了机构大资金的套利等特殊交易模式，理解波动率的波动涨跌逻辑足以应付日常的交易！

波动率只和速度的幅度相关，标的价格快速连续上涨或快速连续下跌，例如日常可以看到的单边强势上涨，单边强势下跌，都会带来波动率的快速上涨。

如果行情震荡上扬，或震荡下跌，或长时间做区间调整，那波动率会持续下跌。

所以，交易中的波动率与行情的速度和强度有关。

隐含波动率的意义，通俗点可以理解为市场的不确定性，隐含波动率越高，意味着不确定性越高，如果市场没有风险，那期权就没人去购买。其实期权的价值和魅力就在于对未来不确定性的定价，因此，不确定性越高，期权的价格自然就越高。

通过模型计算得出的隐含波动率可以用于预测实际波动率，同时通过与历史波动率对比来判断波动率的高低，但往往理论计算出的隐含波动率和实际波动率存在偏差。因此，知道波动率的涨跌逻辑，能尽量缩小偏差从而更好指导交易。

从标的波动率的涨跌逻辑看，波动率实际上是资金交易的结果。

当行情好转，标的出现上涨（下跌），市场资金认为标的将出现大幅上涨（下跌）行情，交投情绪火热，资金主动进场，纷纷买入看涨（看跌）期权，从而推高期权价格，导致期权行情上涨。

当行情进入震荡，区间波动，或者涨跌趋势不明显，期权场内的资金失去交投热情，纷纷流出市场，导致行情低迷，波动率自然下降。所以，波动率放大时，看涨看跌期权都上涨。当波动率收窄时，看涨看跌期权都下跌！

目前市面上有很多期权看盘软件，功能都很齐全但各有千秋，例如文华财经可以查看到单个合约的隐含波动率，判断单个期权合约的波动率方法很简单，博易大师软件则可以查看到整个标的完整的各个周期的波动率走势，对判断标的波动率所处的状态体现非常直观。

文华财经波指图，在任何期权合约走势图的左边即可看到隐含波动率1或隐含波动率2的走势图，如图1-14为沪深300指数期权6月到期行权价为5300点的波动率走势，图1-15为该期权的日内隐含波动率走势。

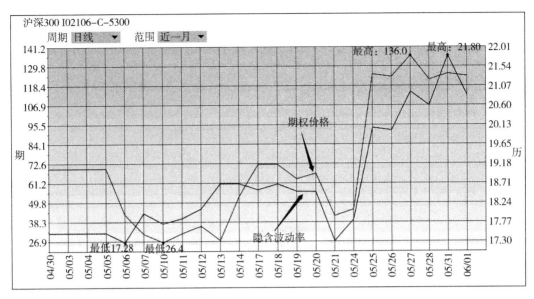

图 1-14 沪深 300 指数期权 6 月到期行权价为 5300 点的波动率走势

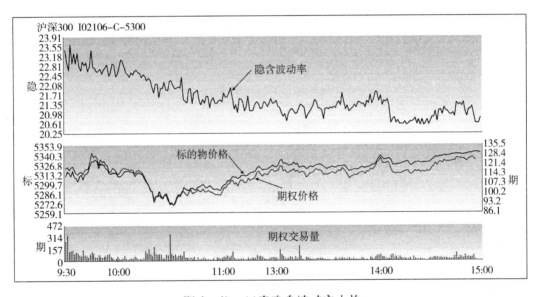

图 1-15 日内隐含波动率走势

1.8 基础策略及其综合运用

期权不同于传统的交易工具，除了涨跌方向这一维度，还需要研究波动率以及时间这两个维度，所以影响期权价格涨跌有三个维度的因素。因此，期权给了我们全新的交易认知和盈利模式，即可以从方向的维度、波动的维度、时间的维度切入交易。落地实战交易，就必须建立对于期权的立体的交易思维！

1.8.1 期权交易的原则：买可能的，卖不可能的

各种交易策略抽丝剥茧后沉淀下来的一条交易原则就是：买可能的，卖不可能的。

不考虑其他因素前提下，单纯分析期权的买方和卖方也即是期权的多头和空头，买可能的，卖不可能的是最重要的交易原则。

所谓买可能的，指的是通过对标的择时分析，买极有可能向期权执行价发展的期权合约。

例如沪深300ETF走势，通过分析认为极有可能向5.5元发展，如图1-16。如果在不考虑时间和波动率等因素前提下，可以买入300ETF执行价为5.5元的看涨期权。同时认为在此行情走势下，行情不肯定跌破4.9元，那就选择卖不可能，也就是卖出300ETF执行价为4.9元的看跌期权，如图1-16。

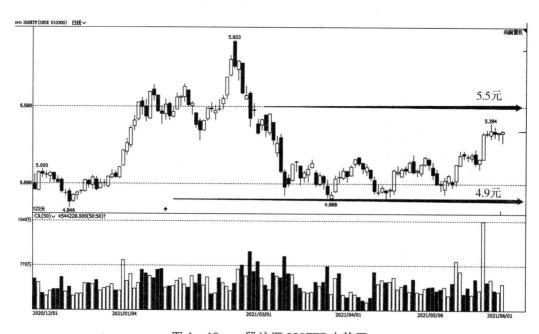

图1-16　一段沪深300ETF走势图

1.8.2　方向、波动率、时间三维度结合判断

理论上，期权买方风险有限，利润无限。这是最常听见的一句具有误导性的话。实际上，期权买方常常归零！如图 1-17 为看涨期权多头盈亏曲线图，图 1-18 为看跌期权多头盈亏曲线图。

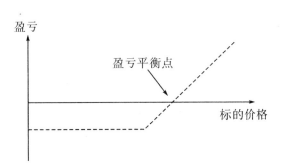

图 1-17　看涨期权多头盈亏曲线图

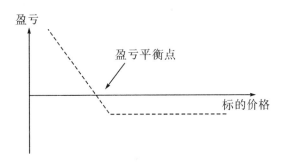

图 1-18　看跌期权多头盈亏曲线图

期权买方对行情择时能力要求很高，同时还需要考虑期权的剩余时间和波动率，如果行情不能持续地向持仓方向发展，同时波动率曲线不能持续向上，时间又每天在流失，这三个方面的因素都在拉期权多头后腿，那最终的持仓结果很可能是亏损。如果不及时止损最终可能走向归零。

很多时候，做期权多头以为可以像股票一样，持仓浮亏扛一扛就能回来，但实际上越扛越亏，原来赚钱的想拿一拿赚更多，结果不但利润会发生回撤，如果不及时止盈，还有可能亏到本金。

做期权的买方，首先必须要有行情择时能力。要博取暴利机会，就必须在行情

爆发时择机介入，同时行情爆发阶段，波动率曲线才有可能上行。对于时间来说，尽量要选择远期合约，虽然时间价值每天都在损耗。但远期时间价值的损耗速度要比近期小很多，所以不至于在时间价值上很吃亏。

期权的买方适合博取暴利行情，具有亏小钱博暴利的特点。虽然盈亏比大，资金使用效率高，但如果择时能力不强的话，交易的胜率就会很低，所以常常会出现归零的情况。同时期权多头盈利还需要注意盈利保护，不要因为标的行情无法延续，波动率又开始回落，时间又持续消耗而侵蚀利润。

期权卖方和买方相反，理论上风险无限，利润有限，但实际上，做期权的卖方胜率很高。因为绝大多数时间，标的行情出现单边的机会少，波动率走平或者走低的概率要远大于波动走高，同时时间价值又在天然地每天消耗，每天都在侵蚀期权的价格，所以期权的卖方只要方向和标的行情保持相反，那交易的胜率就会大增。虽然做期权卖方只能赚到权利金，利润比不上做期权买方，但赢在胜率高，只要控制好风险，通过胜率和交易频率可以做到积小流汇集江海的利润效果。

如图1-19为看涨期权空头盈亏曲线图，图1-20为看跌期权空头盈亏曲线图。

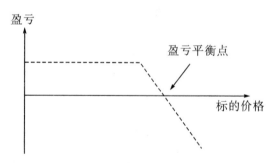

图1-19　看涨期权空头盈亏曲线图

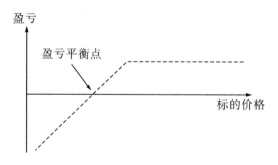

图1-20　看跌期权空头盈亏曲线图

1.8.3　其他理念

做期权的买方（做多期权合约），在交易中直接支付权利金即可买入期权。按照合约乘数，权利金是多少就支付多少。例如某50ETF期权报价为0.0055元，一张期权对应1万份50ETF，那么买该期权实际支付55元。某豆粕期权报价为110元，一张期权对应1手即10吨豆粕，那么买该期权实际支付1100元。

做期权的卖方，因为需要确保卖方平仓时能把没有赚到的权利金再退回去（例如卖方开仓收到100元权利金，当权利金下跌到50元平仓，权利金的利差50元，没有赚到的50元在平仓时会退还给市场），所以卖方交易实行保证金制度。因此卖方的资金使用效率比不上买方，买方的资金使用效率是真正的高杠杆高效率的体现。

很多朋友可能都进行了期权交易知识的学习，看了很多书，参加了很多培训，但当自己打开期权行情软件，看到这么多合约和品种的时候，还是会一头雾水，不知道要怎么下手。

期权交易不能因为期权而去做期权，即不能对着期权的走势图去做期权。因为期权走势实质上是失真的走势，也就是明明要反弹的走势却继续下跌，这种走势的失真主要来自时间价值和波动率等因素对期权合约的影响。

做期权不能盯着期权合约做，而是要盯着期权的标的物做。如果做50ETF期权，那研究的对象就是50ETF。如果做的是豆粕期权，那研究的对象就是豆粕期货。如果做的是股指期权，那研究的对象就是沪深300指数。

做期权必须要明确对标的物的观点和看法。假设做的是50ETF期权，那首先要有对50ETF走势的观点，是看涨、看跌还是看震荡，首要条件是先明确这一点！

有了明确的观点，再构造合适的期权策略来表达行情观点。例如对标的强烈看涨或看跌，可以买入看涨或看跌期权，如果看震荡，可以采取双卖策略，或我们本书后文介绍的各种组合。

1.8.4　案例分析

我们可以近似地把300ETF的走势看作沪深300的走势，300ETF为市场不同的参与者提供了风险对冲和博取价差的交易工具。研究好300ETF期权对股票持仓的风险控制以及利润增强有现实的重大意义。如何用期权来捕捉一波趋势就是我们现实的课题。

做期权首先必须对标的行情有明确的观点，是看涨还是看跌，或是看震荡。如图1-21为沪深300ETF2021年1月至6月日线走势图。2021年农历新年过后沪深股指就一直下跌，然后横盘调整，经历了2个多月的调整后市场开始向上蓄势反弹。

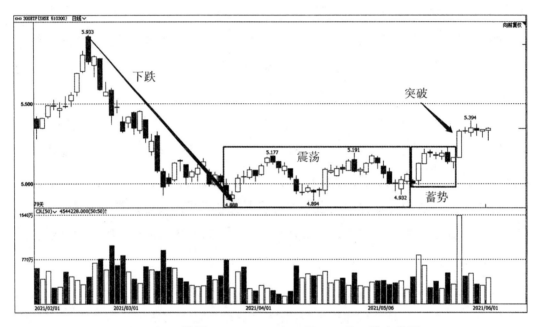

图1-21 沪深300ETF2021年1月至6月日线走势图

第一步，分析标的。目前对标的的观点是日线级别的反弹，不排除触及前高的可能。因为长时间的横盘压制，突破时积压的情绪会短时间释放出来，所以波动率会上升，但随后可能难以出现强势单边上涨，所以波动率自大阳突破行情后，会逐步走向震荡偏强的节奏，至少持续波动强势上涨的可能性比较低。以上，确定了对行情接下来的观点，同时也预测了波动率的发展节奏。

第二步，用期权策略表达观点。在构建期权策略前，先要看目前的市场是适合做期权买方还是期权卖方。要回答这个问题，就必须先看300指数的波动率。图1-22为沪深300ETF波动率走势图。

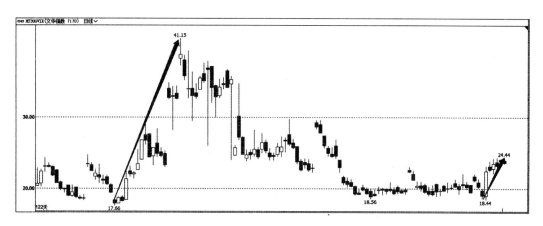

图 1-22　2021 年 1 月至 6 月沪深 300ETF 波动率走势图

图中右边的箭头所示的波动率走势，与沪深 300ETF 最近展开的震荡反弹行情同期。波动率一直处于低位震荡中，直到 5 月 25 日大阳突破才拉出了一根像样的阳线。相比图中左边的箭头所示的 2020 年 12 月至 2020 年 1 月之间的上涨，本次波动率上涨力度极小。从波动率弱势反弹的角度，结合期权的交易方向，都表明更适合做期权的卖方策略。

第三步，选择合约。从沪深 300ETF 的走势来看，它处于上涨趋势中可以视为"看不跌"。从波动率角度判断，期权更适合做盈利胜率更高、更稳定的卖方。

从行情分析可得，行情向上突破后，下方的 4.9 元和 4.8 元的位置都有相当强的支撑，短时间内很难再次跌破，所以可以选择行权价为 4.9 元和 4.8 元的看跌期权卖出。

既然做的是期权的卖方，赚的就是时间价值，既然承受了比买方更大的风险，就必须求得更加稳定的收益率，因为时间价值在最后一个月会走出加速衰减的节奏。所以在合约月份的选择上，选择 6 月 23 日到期的合约更好。

当前沪深 300ETF6 月 23 日到期、行权价为 4.9 元的看跌期权价格为 0.0040元，行权价为 4.8 元的看跌期权价格为 0.0019 元。

当前时间为 6 月 1 日，距离到期还有 15 个交易日，若到期之时沪深 300ETF 未跌破 4.9 元，我们便可以坐收每张期权 40 元和 19 元的权利金。

1.8.5　交易原则

交易原则：买可能的，卖不可能的。

波动率曲线上行：适合做期权买方（多头）。

波动率曲线下行：适合做期权卖方（空头）。

时间价值：每天都在流失价值，天然利好期权卖方（空头），卖方期盼期权合约早点归零，这样就能全部赚到虚值合约的权利金。

做期权买方（多头）：资金使用效率高，风险有限，最多权利金归零，但利润空间巨大，只是胜率很低。

做期权卖方（空头）：保证金制度，资金使用效率低，最高利润就是赚权利金，一旦持仓做反并且不止损，则风险很大，但胜率很高。

交易先后：先必须对标的有明确的行情判断，然后再通过期权合约构造策略表达观点，构建交易策略。

第二章

看大涨， 看大跌

期权策略大致可以分为看大涨看大跌、看小涨看小跌、看不涨看不跌三大类，当然还包括一些无风险套利等安全性高但收益很小的超稳健型策略。看大涨看大跌，即判断后市会出现趋势性单边行情。

2.1 裸买期权

买期权分为买进看涨期权和买进看跌期权两种。在没有任何其他方案搭配，手中没有任何标的持仓，也不进行其他期权对冲的情况下，仅买进看涨或看跌期权的策略，即裸买期权。那么是不是只要看涨就可以随意买进看涨期权，只要看跌就可以随意买进看跌期权呢？我们来仔细分析一下。需要说明的是，本章中所有以看涨期权所举的案例，反过来都适用于看跌期权。

2.1.1 买进期权并不是代替方案

既然判断后市会出现趋势性单边行情，那么，认为大涨，买进看涨期权；认为大跌，买进看跌期权。不是很简单吗？其实事情并不是那样，很多人认为买进看涨期权可以作为买进标的的替代方案，或认为买进看跌期权可以作为卖出标的的替代方案。其实不完全对，两者之间有显著的差异。

买进标的，只要价格上涨就会盈利，如果标的不涨不跌，也不会亏损。例如以

3.5 元的价格买进 50ETF，只要 50ETF 不跌破 3.5 元，便不会产生亏损。

若在到期日，标的价格既不涨也不跌，买进看涨期权便会亏损。值得注意的是，即使标的价格有所上涨，买进看涨期权也未必会盈利。原因在于期权包含两种价值，内在价值与时间价值。实值期权的价值是内在价值与时间价值的和，平值期权与虚值期权只有时间价值。既然称之为时间价值，时间消逝后，价值也不复存在。所以买进标的，在止损点之上，可以一直持有，择机而动，不需要过多考虑时间价值的问题。当然 ETF 期权与商品期权同样适用，ETF 没有持有期限。商品期货价格只要在成本之上，即便合约到期平仓，也没有损失。

买进看涨期权，到期标的不涨，则是全部归零，权利金完全丧失。例如笔者 2021 年 4 月 19 日，以 0.1104 的价格买进 1 万份行权价为 3.5 元的看涨期权（50ETF－C－3.5），到期时，50ETF 的价格还保持在 3.5 元。这张期权没有内在价值，并且到期了，时间价值归零，该期权的全部价值为 0，最终会亏损 1104 元。

即使到期时，50ETF 仅是略微上涨，而无法覆盖权利金成本，也会造成亏损。例如到期时 50ETF 的价格为 3.61 元。行权后，我们拿到 1 万份成本为 3.5 元的 50ETF，以 3.61 元的价格卖出，不考虑手续费情况下，盈利 1100 元，再减去权利金 1104 元的成本，最终还要亏损 4 元。在这个例子中，3.14% 以下的涨幅，都无法使看涨期权盈利。

直接买标的和买看涨期权，两者之间差异的核心在于时间。

买进看涨期权的要点在于识别起涨点，时间是期权多头的敌人，买进后很快起涨，才是裸买看涨期权的要领。

再看一个例子：2021 年 4 月 7 日棉花（CF）2109 合约收盘价 15240 元，给 5000 元止损幅度。如果在此处买进 CF2109－C－15240，价格为 785 元，则可买 1 张 [5000/（5×785）]，其中，数字 5 为合约乘数。

此处买进 CF2109－C－15200，就是没有找到棉花的起涨点。棉花 2109 合约先是跌到 14845 元，后上涨至 15990 元。CF2109－C－15240 的价格由 785 元下跌至 260 元后上涨至 1182 元。如果我们能再晚一点买进 CF2109－C－15240，假设在 4 月 16 日以 260 元的价格买进，可买 3 张 [5000/（5×260）]。

虽然最后都有盈利，但第一种情况盈利 50.57%，第二种情况盈利 3.55 倍，差距是如此之大。

当然我们不可能每次都能准确找到起涨点，并且裸买看涨或看跌期权的意义并不在这里。它的意义是，如果使用买进看涨期权作为买进标的的替代方案，最好采取技术性分析方法。非技术性抄底式买入，并不适合。

比如基于种种原因，我们可以得出棉花上涨的结论。非技术性抄底，可以战略性布局豆粕多单。但结论中恰恰没有"何时上涨"这一项，如果我们当时买进的CF2009的看涨期权，在2021年8月份之前（9月期货合约提前1个月到期），棉花价格并未上涨，那么，权利金损失殆尽。棉花价格必须在8月之前或大幅或快速上涨，MA2005的看涨期权才能有盈利。

裸买期权最重要的因素之一在于对时间的把握。所以我们可以得出一个推论：买进看涨期权的目的，不是作为买进标的或卖空标的的替代方案的最佳选择。

2.1.2　裸买期权以小博大

裸买期权的目的只有一个：获取暴利。大级别起涨点时买进看涨期权，它能获取的暴利是买进标的完全不可比拟的。

以铜（Cu）2105合约为例，假设我们判断2021年2月10日为起涨点，这一天铜2105合约突破前期震荡区间的高点。如图2-1所示。

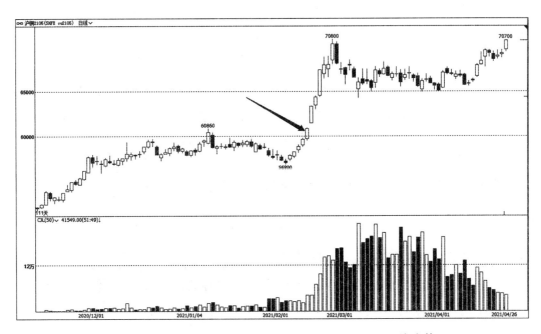

图2-1　铜2105合约2020年11月至2021年4月日线走势图

当日收盘价 60850 元建多，前低 56890 元止损。止损幅度 19800 元［（60850－56890）×5］，我们按 100 万资金的 2% 给出风险控制，即可买 1 手铜 2105 合约的多单。截至 2 月 25 日，铜 2105 合约最高价 70800 元，当日收盘价 70240 元。以收盘价计算，盈利共 46950 元［（70240－60850）×5］。

建仓的 2 月 10 日，能买到最高行权价虚值看涨期权 Cu2105－C－65000，当日收盘价 1042 元，20000 元风险可买进 3 张［20000/（1042×5）］。截至 2 月 25 日，Cu2105－C－65000 收盘 6518 元，盈利共 82140 元［（6518－1042）×5×3］。

同样风险下期权盈利是标的盈利的 1.46 倍。

若在 2 月 10 日买进 Cu2105－C－64000，同期盈利 87180 元，是标的盈利的 1.86 倍。

若在 2 月 10 日买进 Cu2105－C－63000，同期盈利 65280 元，是标的盈利的 1.39 倍。

若在 2 月 10 日买进 Cu2105－C－62000，同期盈利 73180 元，是标的盈利的 1.56 倍。

如果在买 Cu2105－C－65000 时，能放宽一下止损幅度，盈利将会更高。由于在计算买进数量时 20000/（1042×5）＝3.84，向下取整为 3 张。这个数值特别接近 4，买进 4 张期权的总止损为 20840 元，仅比 20000 元的既定风险高 840 元。而如果买进 4 张期权的话，将会盈利 109520 元，是标的盈利的 2.33 倍。

如果只是小涨，同样风险下，期权比不上标的的收益率。但在极端行情下，同等风险期权完胜标的的盈利。所以裸买期权，根本不是什么替代方案，它的用处是以极小的风险去赌获利丰厚的小概率事件。如果认为小概率事件不会发生，或者条件不充分，小幅涨跌，最好不要打裸买期权的主意。看跌期权同理。

2.1.3 行权价的选择——参数 Delta 值的影响

在上一章的案例中，我们为了对比方便，可以忽略买进期权数量的取整问题，小数点后保留两位有效数字。盈利情况如下：

2 月 10 日买进 3.84 张 Cu2105－C－65000，是标的盈利的 2.24 倍。

2 月 10 日买进 3.25 张 Cu2105－C－64000，是标的盈利的 2.01 倍。

2 月 10 日买进 2.72 张 Cu2105－C－63000，是标的盈利的 1.89 倍。

2月10日买进2.33张Cu2105－C－62000，是标的盈利的1.82倍。

如果我们继续算下去会发现，虚值的程度越小，相对于标的盈利的比例越小。我们裸买期权，目的就是获取较高的利润。这包含了两个隐含层面：成本（买价）越低，收益率越高，越是虚值的期权，价格越低；想要获取较高的利润，就不看小涨，而是看长期大幅上涨。

如果只看小涨，买虚值期权好不好呢？只要标的价格上涨，不是所有看涨期权都会水涨船高吗？确实是标的上涨，会带动所有看涨期权上涨，但不同行权价的看涨期权上涨的幅度不同。为什么幅度不同？我们需要了解一个参数Delta。

如果Delta值＝1，标的价格上涨1点，该期权价格上涨1点。

如果Delta值＝0.5，标的价格上涨1点，该期权价格上涨0.5点。

如果Delta值＝0，标的价格上涨1点，该期权价格上涨0点。

由图2－2可知，某标的价格为3640元，所以最接近平值期权的行权价为3650元的期权合约，其Delta值为0.5121，最接近0.5。同理深度实值的Delta值接近1，深度虚值期权Delta值接近0。（图中行权为3050元的看涨期权为深度实值期权，但它的Delta值为0，是因为该合约当日没有成交。）

Delta	虚实度	日增仓	涨幅%	理论价	真实杠杆率	溢价率	杠杆比率	看涨	〈行权价〉
0.0000	0.0000	0	0.00%	0.0	0.00	-16.21	0.00	C	3050
0.9231	0.0000	10	0.09%	553.6	6.13	0.22	6.64	C	3100
0.9013	0.0000	-4	6.87%	509.0	6.12	1.28	6.78	C	3150
0.8750	0.0000	-32	0.11%	465.7	6.95	0.51	7.94	C	3200
0.8458	0.0000	-10	6.86%	424.1	6.93	1.48	8.20	C	3250
0.8129	0.0000	-31	-2.94%	384.1	8.14	0.65	10.01	C	3300
0.7766	0.0000	-51	-3.87%	346.1	8.77	0.89	11.29	C	3350
0.7372	0.0000	-879	-3.85%	310.1	9.33	1.30	12.66	C	3400
0.6952	0.0000	-423	-5.29%	276.3	10.10	1.66	14.53	C	3450
0.6510	0.0000	255	-6.67%	244.8	10.92	2.12	16.77	C	3500
0.6053	0.0000	-97	-6.65%	215.6	11.63	2.73	19.21	C	3550
0.5588	0.0000	-227	-6.25%	188.8	12.33	3.43	22.06	C	3600
0.5121	0.0000	121	-4.29%	164.4	12.86	4.26	25.10	C	3650
0.4659	0.0000	-1762	-1.16%	142.2	13.25	5.16	28.44	C	3700
0.4207	0.0000	173	1.36%	122.3	13.73	6.09	32.65	C	3750
0.3771	0.0000	464	5.95%	104.6	14.01	7.09	37.14	C	3800
0.3355	0.0000	-1	10.32%	88.9	14.28	8.12	42.57	C	3850
0.2964	0.0000	1337	15.50%	75.2	14.48	9.19	48.86	C	3900
0.2599	0.0000	391	23.58%	63.2	14.44	10.32	55.57	C	3950
0.2263	0.0000	-27	33.33%	52.8	14.20	11.48	62.76	C	4000
0.1957	0.0000	-195	40.85%	43.8	14.25	12.64	72.80	C	4050
0.1681	0.0000	-45	61.40%	36.2	13.30	13.90	79.13	C	4100
0.1433	0.0000	-1609	82.61%	29.7	12.42	15.16	86.67	C	4150

图2－2 Delta值

标的价格现为 3640 元，按上例数据计算，若上涨至 3641 元，则：

C－3600 价格上涨 0.5588 元。

C－3650 价格上涨 0.5121 元。

C－3700 价格上涨 0.4659 元。

越是实值期权，上涨的绝对值就越多，所以看短期上涨，最好买 Delta 值高的实值期权。不过这是理论，真实情况又如何呢？我们再来看铜 2105 的数据。

2021 年 2 月 10 日 Cu2105 收盘价 60850 元，18 日收盘价 63350 元，标的上涨。

同期期权数据如下：

Cu2105－C－59000，上涨 59.87%　　实值

Cu2105－C－60000，上涨 64.32%　　实值

Cu2105－C－61000，上涨 66.23%　　虚值 10 日收盘价的近似平值

Cu2105－C－62000，上涨 67.56%　　虚值

Cu2105－C－63000，上涨 64.08%　　虚值 18 日收盘价的近似平值

Cu2105－C－64000，上涨 62.76%　　虚值

Cu2105－C－65000，上涨 63.15%　　虚值

同期期权上涨幅度类似于开口向下的抛物线。C－61000 是计算起始日的近似平值看涨期权，C－63000 是计算终止日的近似平值看涨期权。夹在中间的 C－62000 收益率最高。比计算起始日实两档的看涨期权涨幅为 59.87%，比计算终止日虚两档的看涨期权涨幅是 63.15%，为什么抛物线不是对称的呢？

再来研究数据：涨幅最低的 Cu2105－C－59000，2 月 10 日收盘 3120 元，18 日收盘 4988 元，上涨 1868 元。涨幅最高的 Cu2105－C－62000，2 月 10 日收盘 1720 元，4 日收盘 2882 元，上涨 1162 元。从上涨的绝对值来看，涨幅最低的 Cu2105－C－59000 比涨幅最高的 Cu2105－C－62000 多涨了 706 元。涨幅高，并不代表上涨绝对值高，因为分母不一样。

我们再回头看 Delta 值所代表的意思，再重申一遍：如果 Delta 值＝1，则标的上涨 1 点，期权上涨 1 点。如果没看仔细，就可能错误地理解为：如果 Delta 值＝1，则标的上涨 1%，期权上涨 1%。

实值期权的 Delta 值比虚值期权更接近 1，所以当标的上涨时，实值期权虚值期权上涨的点数更大。我们买 1 张 Cu2105－C－59000 盈利 1868×5 元，买 1 张

Cu2105－C－62000 盈利 1162×5 元，这仅仅是从盈利的绝对值来对比。

不过这里没有资金管理，也是其他书不会涉及的问题。如果我们给同样的风险，分别买 Cu2105－C－59000 和 Cu2105－C－62000，谁的盈利更多呢？

两份期权的价格分别为 3120 元和 1720 元，给同样的风险进行对比，用公倍数来计算，相当于：

买 172 张 Cu2105－C－59000，每张盈利 1868 元，最终盈利 172×1868×5＝1606480 元。

买 312 张 Cu2105－C－62000，每张盈利 1162 元，最终盈利 312×1162×5＝1812720 元。

同等风险的盈利总额对比，与涨幅数据可以互相印证。

由此，我们可以看出，短买实、长买虚，这话对了一半。如果看长期大幅上涨，买虚值期权会产生更多的盈利；而短买实却是错的，在真实交易中，不论什么情况都要考虑资金管理的问题。给出同等风险的情况下，平值期权的上涨点数可能比实值期权少，但总盈利一定会比实值期权更高。

2.1.4 品种的选择——选择隐含波动率相对较大的品种

买进看涨或看跌期权，除了要判断起涨点或起跌点外，还要考虑波动率。波动率有很多种，先说两种：历史波动率（HV）和隐含波动率（IV）。

历史波动率：反映的是标的过去的波动，衡量标准是标准差。我们可以理解为，在以往的历史走势中，标的价格上下波动的范围很宽。历史波动率可以根据历史数据计算出来。

隐含波动率：可以简单理解为市场参与者对标的后市的预期波动幅度，我们预期标的价格会波动到什么程度。隐含波动率无法根据历史数据计算出来，但通过期权计算器，把成交价格代入后可反推计算。我们在后文会详细讲到隐含波动率。

如果具有相同价格的两个标的，并且都已经确认了起涨点，买哪个更好一点呢？

历史波动较大的标的，未来波动不一定大；预期未来波动较大的标的，历史波动不一定大。所以我们不能根据历史波动的大小来推测未来波动的大小。时间是期权买方的敌人，买进后在短时间内就起涨且涨幅比较大，才对期权买方更有利。所以要买隐含波动率相对较大的那一个。

当然不可避免的是，隐含波动率越大，期权的定价就越高。例如两个相同价格的不同标的，隐含波动率较低的看涨期权价格为 5 元，波动率较高的看涨期权价格为 10 元，我们要选择 10 元放弃 5 元。因为 10 元的看涨期权赚钱的概率更大，即市场参与预期标的若上涨，其幅度会更大，就会继续买进看涨期权，买进的人多，需求增多，期权价格上涨的概率更大。

但反过来说，波动率较大的标的，向下波动的概率不是也很大吗？盈亏同源，潜在收益虽然高，但潜在风险也高啊！确实如此，但既然我们选择裸买看涨期权，本身就包含了赌起涨点这个事实。既然赌了起涨点，它必须符合我们技术分析系统给出的信号，这是交易的一致性问题。

另外，建议最好采取固定比例止损，即不论买哪一个期权，给定的风险是一致的。买 1 张 10 元的看涨期权，如果替代它就要买 2 张 5 元的看涨期权。标的下跌时产生的风险，对两者是一样的。

还有一种情况是，有的人喜欢参考理论价来买卖期权。图 2-2 第 5 列即为文华财经中提供的理论价。期权价格高于理论价为高估，低于理论价为低估。低估时买进，高估时卖出可不可以呢？建议最好不要这样操作。

我们可以类比价值投资，所谓理论价可以类比为股票的内在价值，期权价格可以类比为股票价格。股票价格可以长期低于内在价值，也可以长期高于内在价值，如果没有量化的话就没有可操作性。

价值投资可以通过基本面分析估算出内在价值，因为股票的背后是实体企业。期权理论价只是一套定价模型，它自身还受到市场的影响，不稳定。所以不能把理论价当作参照物。

举一个例子，理论价为 10 元，期权价格为 8 元，低估买进。一段时间后理论价为 8 元，期权价格为 6 元，亏损 2 元。一段时间后，理论价为 6 元，期权价为 4 元，亏 4 元……反过来高估也是一样。

想要锚定，被锚定的东西一定要具有长期的稳定性，比如有长期经营历史的优质公司。而被锚定的东西本身就不稳定，它就有可能带你去任何地方。裸买看涨期权，看的是起涨点。如果想套利，也不应该是通过理论价，有其他更好的方法。

2.1.5　裸买期权后亏损的处理——垂直套利组合的运用

裸买看涨期权后，标的下跌，期权亏损，怎么处理？最好的方法是摆脱亏损，认亏平仓。

建议在交易期权时，采取固定比例止损法。例如直接买进标的，我们给 5000 元的风险。若买进 X 元的看涨期权，最多买进 5000/X 张。即使期权权利金归零，也是计划内能承受的风险。

不过期权不是很灵活吗？不想认亏，能不能想个办法呢？办法有，修复策略。

2021 年 4 月 1 日，M2109 收盘价为 3524 元，近似平值期权 M2109－C－3500 收盘价 143 元。

计划：如果直接买标的，给 5000 元风险。若用期权代替，买进 M2109－C－3500＝3 张 [5000/（143×10）]。

2020 年 4 月 14 日，M2109 收盘价 3422 元，下跌 102 点。M2109－C－3500 收盘价 104.5 元，下跌 38.5 元。

不想认亏，认为可能还会反弹，即便不上涨，也会达到 4 月 1 日的高度，怎么办？用别人的钱补仓摊低成本。想摊低成本，就要再买进 3 张 M2109－C－3500，需要资金 3×10×104.5＝3135（元），其中数字 10 为农产品合约乘数。这笔钱谁来出？给别人提供保险，卖出看涨期权，用收到的权利金再去买看涨期权。这就需要计算了。

首先，要为别人提供保险，就要提供能承担得起的保险。我们手中有 3 张行权价为 3500 元的看涨期权，计划再买进 3 张行权价为 3500 元的看涨期权，共 6 张。那么最多只能卖别人提供行权价在 3500 元以上的 6 张保险。注意两个关键数字，3500 元以上，6 张。

其次，我们卖出期权，收到的权利金，必须能覆盖我们即将付出的权利金 3135 元（104.5×3×10），让我们达到无投入摊低成本的目的。

4 月 14 日，M2109－C－3700 收盘价为 59.5 元，卖出 6 张，共收到权利金 3570 元（59.5×10×6）。同时以 104.5 元的价格买进 3 张 M2109－C－3500，支付权利金 3135 元（104.5×3×10），还能盈余 435 元。

当前组合为：

1. 持有 M2109－C－3500 多单 3 张，成本 143 元。

2. 持有 M2109－C－3500 多单 3 张，成本 104.5 元。

3. 持有 M2109－C－3700 空单 6 张，成本 59.5 元。

付出权利金 7425 元，收到权利金 3570 元。权利金差 3855 元，为原本要承担的风险范围内。

后市情况 1：豆粕价格下跌，低于 3500 元，M2109－C－3500 多单、M2109－C－3700 空单无价值到期。承担原本就要承担的风险 3855 元。

后市情况 2：豆粕价格上涨，高于 3700 元。M2109－C－3500 多单行权，M2109－C－3700 空单履约，即我们以 3500 元的价格买进，再以 3700 元的价格卖出，差价利润 2000 元［(3700－3500)×10］，6 张共 12000 元。权利金差成本 3855 元，盈利 8145 元（12000－3855）。这是最高的潜在盈利。

后市情况 3：豆粕价格位于 3500 元至 3700 元之间，假设为 3600 元。M2109－C－3500 多单行权，以 3500 元价格买进，以 3600 元卖出，差价利润 1000 元［(3600－3500)×10］，6 张共 6000 元。M2109－C－3700 空单无价值到期，权利金差为 3855 元，盈利共 2145 元（6000－3855）。

修复策略的好处是：我们有机会将有可能亏损的原权利金救回，让别人付钱给我们抄底摊平成本，最差的结果大不了是没救回来，也不会增加亏损。

修复策略的坏处是：一旦构建了修复策略组合，欧式期权在合约到期之前就不能再动了，美式期权在期权空单不选择行权时或到期之前，也不能再动。因为我们手中有 M2109－C－3700 的空单，期权空单是义务，不是权利。除非对方要求我们履行义务（同时我们行使多单权利），或合约到期后义务自动取消。

多单不到期或期权空单的对手不要求履行义务，都无法将之前亏损的多单救出来。因为不走到最后一步，即使豆粕价格上涨，多单盈利与空单亏损也会相互抵消，无法达到救多单的目的。

空单平不平，或义务是否取消，取决于期权多头，一环套一环。因卖出 6 张 M2109－C－3700，按 10% 的保证金计算需要 3.7 万元。本例中，修复策略的实施日期是 4 月 14 日，而该期权到期是 8 月 6 日。那么使用修复策略的成本，是 3.7 万元在近 4 个月时间内的机会成本。如果你认为值得，可以采用修复策略；如果你认为在 4 个月的时间内，可以用这 3.7 万元赚到更多，那就没必要使用了，初始期权多单认亏即可。

2.1.6 裸买期权后盈利的处理

裸买期权后盈利了怎么处理？有几种方法：

1. 全部平仓后再找机会。

2. 全部平仓后，再买进一部分行权价更高的看涨期权。

3. 部分平仓，剩下的继续持有。

4. 卖出平值看涨期权，构建垂直套利组合。

5. 不动，看有没有更高的盈利。

哪一种更好？没有唯一答案。如果后市继续上涨，显然是持仓不动盈利更多。如果转而下跌，前四种方法都比第五种更好。

期权的运行依托于标的，所以对期权进行技术分析或基本分析，无异于缘木求鱼。那么裸买期权的决策，全在于我们对标的走势的分析。至于怎么分析，那是另一个系统的问题。

第 1 种方法全部平仓、第 3 种方法部分平仓、第 5 种不动，都不在我们单纯思考期权交易的范畴之内，那是分析标的走势后的应对策略。

我们只需要看第 2 种平仓后买进更高行权价的看涨期权与第 4 种构建垂直期权套利的方法，哪种更有优势。

首先什么是垂直套利组合？我们会在第三章详细论述。上一节中我们采取的修复策略就是一种垂直套利组合，即买进低行权看涨期权的同时，卖出高行权看涨期权。垂直套利有很多种组合，我们只看一种：

买进，同一期权合约，低行权价，看涨期权，建仓。

卖出，同一期权合约，高行权价，看涨期权，建仓。

正常的垂直套利，买进与卖出的运行同时进行。而我们当前的情况是，在裸买看涨期权盈利后，再卖出看涨期权。虽然有交易时间差，但不影响它是垂直套利组合的本质。

以买低卖高构建的垂直套利组合，适用情境为"看小涨"。即标的涨幅位于低行权价与高行权价之间，最高潜在盈利在于到期日时或期权空单的对手要求我们履约时，标的价格大于等于高行权价位处（上一节内容中的后市情况 2），或者说垂直套利组合的最大盈利有天花板。

不论大资金还是散户，大部分期权交易者都不以行权或履约为目的，所以书中所述到期后既行权又履约的问题与我们散户关系不大。我们散户要的是在没到期之前，风险小胜率高的方法，或者是风险固定又能博高收益的方法。

换句话说，比较稳定的投十拿一法，或胜率虽低但能投一拿十的方法。

投十拿一，即是构建互有对冲的套利组合，只要价格在某一区间之内或之外运行，就能盈利的方法。既然选择了套利，就不能做敞口（裸买或裸卖看涨期权或看跌期权）。

反过来想，想做多头敞口，就不是"看小涨、看小跌"，而是"看大涨、看大跌"，这是初衷问题。

回到我们思考的问题上，裸买看涨期权即为多头敞口，当初裸买看涨期权的目的就是"看大涨"，那为什么要把敞口再加个盖子呢？我们的初衷改变了吗？由"看大涨"变成"看小涨"了吗？

如果初衷改变，小涨已经实现盈利了，平仓就好了。拔出一条腿（期权多单平仓），何苦再放一条腿（期权空单建仓）进去呢？而且卖出看涨期权还要占用保证金。

或者说标的小幅上涨后实现了部分盈利，但现在怕跌，怕跌可以平仓，但平仓又怕踏空，怎么办？平掉一部分，也比卖出看涨期权，主动给自己加个盖子要好得多。但这种做法是完全不可理解的。

我们再总结一下这种方法不合逻辑的地方：

1. 看大涨态度转变，变成了看小涨。

2. 看小涨的结果已经实现了。

3. 只需要平仓一次（卖出看涨平仓）就可了结这笔交易。

4. 但主动加个盖子（卖出看涨期权开仓），再施行一次看小涨的手段。

5. 最后平两次仓，做了无用功。

所以裸买看涨盈利后比较好的处理方法，除了第4种，我们认为皆可行。

垂直套利组合本来就是"看小涨"，买进卖出是同时进行的，赚的是投十拿一的小钱。所以垂直套利组合本身没错，错的是裸买看涨盈利后的垂直套利组合。

2.2 利用数学手段看大涨、看大跌

一般情况下，都会假设价格走势符合正态分布，但事实情况并非如此，肥尾出现的概率并不低。但为了方便计算，几乎大部分期权类计算器，还是会假定价格走势呈正态分布。如图2-3。

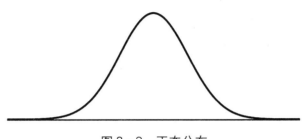

图2-3 正态分布

2.2.1 制作概率计算器

正态分布曲线有它的解析式，但本书是以基础知识为要，所以我们不在书中安放任何高阶数学公式。有了正态分布曲线的解析式，我们就可以计算在曲线中任意一点至任意一点的概率。如图2-4。价格A波动至价格B的概率，即A点与B点之间所构成封闭空间的面积。

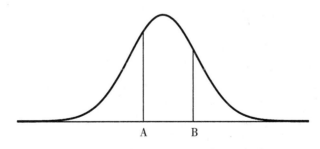

图2-4 价格A波动至价格B的概率

如何计算呢？需要用积分公式求解，对于没有涉猎过微积分的朋友们，这样的要求似乎过于无理。所以我们做了一个概率计算器。

在电脑上新建一个 Excel 表格，请严格按照下面的要求制作表格。需要注意的是，以下是专门为裸买看涨期权准备的计算器。

1. 在 A1 输入"标的当前价格"

2. 在 A2 输入"预期价格"

3. 在 A3 输入"标的 60 日波动率"

4. 在 A4 输入"距离到期天数"

5. 在 A6 输入"成功概率"

6. 在 A7 输入"失败概率"

7. 在 E5 输入"ln（q/p）"

8. 在 E6 输入"vt"

9. 在 E7 输入"N（）"

10. 在 F3 输入"P＝N（）"

11. 在 F5 输入"＝Ln（B1/B2）"

12. 在 F6 输入"＝B3 * SQRT（B4/60）"

13. 在 F7 输入"＝F5/F6"

14. 在 H3 输入"正态分布"

15. 在 H4 输入"Z"

16. 在 H5 输入"输入"

17. 在 H6 输入"公式 1"

18. 在 H7 输入"公式 2"

19. 在 H8 输入"公式 3"

20. 在 H9 输入"Y"

21. 在 H10 输入"公式"

22. 在 H12 输入"X"

23. 在 H13 输入"公式"

24. 在 I5 输入"＝F7"

25. 在 I6 输入"＝－（I5^2/2）"

26. 在 I7 输入"＝EXP（1）^I6"

27. 在 I8 输入"＝0.3989423 * I7"

28. 在 I10 输入 "＝1/［1＋0.2316419 ＊ ABS（I5）］"

29. 在 I13 输入 "＝1－I8 ＊（1.330274 ＊ I10^5－1.821256 ＊ I10^4＋1.781478 ＊ I10^3－0.356538 ＊ I10^2＋0.3193815 ＊ I10）"

30. 在 B6 输入 "＝IF（I5＞0，I13，1－I13）"

31. 在 B7 输入 "＝I13"

效果如图 2-5。

	A	B	C	D	E	F	G	H	I
1	标的当前价格							正态分布	
2	预期价格								
3	标的60日波动率					P=N()			
4	距离到期天数							Z	
5					ln(q/p)	#DIV/0!		输入	#DIV/0!
6	成功概率	#DIV/0!			vt	0		公式1	#DIV/0!
7	失败概率	#DIV/0!			N()	#DIV/0!		公式2	#DIV/0!
8								公式3	#DIV/0!
9								Y	
10								公式	#DIV/0!
11									
12								X	
13								公式	#DIV/0!

图 2-5　概率计算器界面

在图 2-5 中，B1 至 B4，按要求填入数据即可。例如在 B1 输入 "1000"，在 B2 输入 "1100"，在 B3 输入 "20％"，在 B4 输入 "30"。即计算在 30 天内从当前 1000 上涨至 1100 且 60 天波动率为 20％的概率是多少。输入后得到如下数据，如图 2-6，成功概率为 25.02％，失败概率为 74.98％。

	A	B	C	D	E	F	G	H	I
1	标的当前价格	1000							
2	预期价格	1100							
3	标的60日波动率	20.00%				P=N()		正态分布	
4	距离到期天数	30						Z	
5					ln(q/p)	-0.09531018		输入	-0.673944745
6	成功概率	25.02%			vt	0.141421356		公式1	-0.227100759
7	失败概率	74.98%			N()	-0.673944745		公式2	0.796840489
8								公式3	0.317893377
9								Y	
10								公式	0.864966723
11									
12								X	
13								公式	74.98%

图 2-6　概率计算结果

除了 "标的当前价格" 和 "预期价格" 可以直接输入外，我们还需要解决两个问题："标的 60 日波动率" 和 "距离到期天数"。

2.2.2　计算 60 日历史波动率

波动率如何计算？首先我们要把最近 61 个交易日的收盘价记录在 Excel 表格中，如图 2-7 为沪深 300 指数 2021 年 1 月 22 日至 2021 年 3 月 5 日收盘价。

	A	B
1	2021-01-22, 五	5569.78
2	2021-01-25, 一	5625.92
3	2021-01-26, 二	5512.97
4	2021-01-27, 三	5528
5	2021-01-28, 四	5377.14
6	2021-01-29, 五	5351.96
7	2021-02-01, 一	5417.65
8	2021-02-02, 二	5501.09
9	2021-02-03, 三	5485.2
10	2021-02-04, 四	5473.95
11	2021-02-05, 五	5483.41
12	2021-02-08, 一	5564.56
13	2021-02-09, 二	5686.25
14	2021-02-10, 三	5807.72
15	2021-02-18, 四	5768.38
16	2021-02-19, 五	5778.84
17	2021-02-22, 一	5597.33
18	2021-02-23, 二	5579.67
19	2021-02-24, 三	5437.57
20	2021-02-25, 四	5469.56
21	2021-02-26, 五	5336.76
22	2021-03-01, 一	5418.78
23	2021-03-02, 二	5349.63
24	2021-03-03, 三	5452.21
25	2021-03-04, 四	5280.71
26	2021-03-05, 五	5262.8

图 2-7　沪深 300 指数近 61 个
交易日收盘价数据（部分）

	A	B	C
36	2021. 3. 19	5007.09	-0.020565607
37	2021. 3. 22	5057.15	0.009948175
38	2021. 3. 23	5009.25	-0.00951688
39	2021. 3. 24	4928.69	-0.016212971
40	2021. 3. 25	4926.35	-0.000474884
41	2021. 3. 26	5037.99	0.022408844
42	2021. 3. 29	5046.88	0.001763038
43	2021. 3. 30	5094.73	0.009436442
44	2021. 3. 31	5048.36	-0.009143234
45	2021. 4. 1	5110.78	0.012288596
46	2021. 4. 2	5161.56	0.009886825
47	2021. 4. 6	5140.34	-0.004119634
48	2021. 4. 7	5103.74	-0.007145621
49	2021. 4. 8	5112.21	0.001658192
50	2021. 4. 9	5035.34	-0.015150745
51	2021. 4. 12	4947.75	-0.017548123
52	2021. 4. 13	4939.64	-0.001640474
53	2021. 4. 14	4980.63	0.008263935
54	2021. 4. 15	4948.97	-0.006376915
55	2021. 4. 16	4966.18	0.003471459
56	2021. 4. 19	5087.02	0.024041265
57	2021. 4. 20	5083.37	-0.00071777
58	2021. 4. 21	5098.75	0.003020984
59	2021. 4. 22	5089.24	-0.001866905
60	2021. 4. 23	5135.45	0.009038966
61	2021. 4. 26	5077.24	-0.011399667

图 2-8　计算后的部分图表

在 C2 处输入"=Ln（B2/B1）"，得出结果后，将后续数据全部计算出来，直至 C61。如图 2-8。

在 D61 处输入"=STDEV（C2：C61）*16"，计算结果如图 2-9，即沪深 300 指数截至 2021 年 4 月 26 日 60 天历史波动率为 23.89%。

56	2021.4.19	5087.02	0.024041265	
57	2021.4.20	5083.37	-0.00071777	
58	2021.4.21	5098.75	0.003020984	
59	2021.4.22	5089.24	-0.001866905	
60	2021.4.23	5135.45	0.009038966	
61	2021.4.26	5077.24	-0.011399667	0.238907563
62				

图 2-9　计算 60 天历史波动率

"距离到期天数"是计算某个期权合约从当日至到期日之间的交易日天数。如沪深 300 指数 5 月合约期权的到期日是 5 月 21 日，从 2021 年 4 月 27 日开始计算，共有 14 个交易日。

我们来试一下，2021 年 4 月 26 日沪深 300 收盘于 5077.24 点，历史波动率为 23.89%，还有 14 天到期，上涨至 5200 点的概率是多少。按要求填入概率计算器，计算结果如图 2-10。

	A	B
1	标的当前价格	5077.24
2	预期价格	5200
3	标的60日波动率	23.89%
4	距离到期天数	14
5		
6	成功概率	41.80%
7	失败概率	58.20%
8		

图 2-10　计算结果

2.2.3　计算数学期望值

计算出这样的概率有什么用呢？那是为了测算在这个位置上买进看涨期权是否值得。如 IO2105-C-5200 的价格是 44.2 元，能不能买？性价比如何？

首先我们要调整距离到期天数，不能直接填写 14 天。因为如果我们想要买进 IO2105-C-5200 而获利，沪深 300 指数就必须在 14 天以前涨到 5200 点。如果在第 14 天（到期日）涨到 5200 点，看涨期权也毫无价值，因为此时它既没有内在价值，也没有时间价值。

那么我们最晚能接受沪深 300 指数在多少天内达到 5200 点？假设我们的期望值为 7 天，那么就在表格的 B4 处，写入"7"，再重新计算概率，如图 2-11。

	A	B
1	标的当前价格	5077.24
2	预期价格	5200
3	标的60日波动率	23.89%
4	距离到期天数	7
5		
6	成功概率	38.49%
7	失败概率	61.51%
8		

图 2-11　7 天到期的计算结果

下面我们还要借助期权计算器，打开 http://app.czce.com.cn/cms/cmsface/option/Calculator/utCal.jsp，如图 2-12。

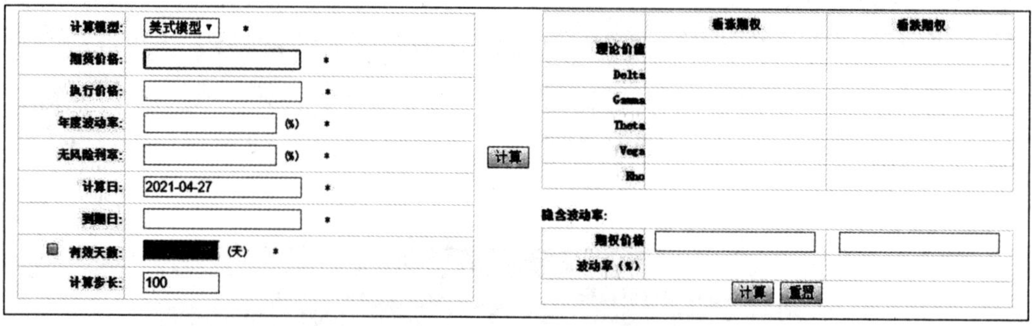

图 2-12　期权计算器

我们利用期权计算器计算，假设到了 7 个交易日后，沪深 300 指数已经达到了 5200 点时，IO2105－C－5200 价值几何？

计算模型选择欧式模型，期货价格输入 5200，执行价格输入 5200，年度波动率输入 23.89%，无风险利率输入 3.98%，计算日输入 2021－04－27，到期日输入 2021－05－12，计算结果如图 2-13，看涨期权的理论价格为 100 元。见图 2-13。

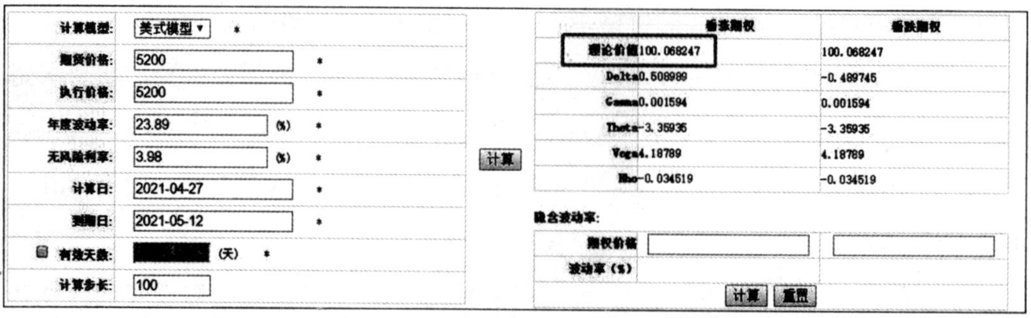

图 2-13　期权计算器计算结果

我们现在掌握了如下数据：

第一，在 7 个交易日内沪深 300 指数由 5077.24 点上涨至 5200 点的概率是 38.49%。

第二，若在 7 个交易日内沪深 300 指数由 5077.24 点上涨至 5200 点，则 IO2105－C－5200 的价格最小为 100 元。

以现价 44.2 元的价格买进划算吗？

如果我们的期望达成，能赚取 5580 元［（100－44.2）×100］，如果不能达成，则要亏损全部权利金 4420 元（44.2×100）。成功的概率是 38.49%，失败的概率 61.51%。

数学期望值＝盈利数额×成功率＋亏损数额×失败率

$$＝5580×38.49\%＋（－4420）×61.51\%$$

$$＝－571（元）$$

数学期望值为负，这笔交易并不划算。

需要注意的是，并不是说沪深 300 指数不会达到 5200 点，以 44.2 元的价格买进 IO2105－C－5200 绝对不会盈利，而是从概率来讲，亏损的概率更大而已。毕竟做交易，要做更有把握的事。

根据以上公式，我们还可以计算出，当 IO2105－C－5200 的价格达到 29.6 元时，数学期望值大于 0，至少在这个价格以下，才值得一搏。

我们还需要为看跌期权准备一个概率计算器，根据以上步骤，将 F5 处改为"＝Ln（B2/B1）"即可。

2.3　跨式组合与宽跨式组合

跨式组合与宽跨式组合，是我们在期权交易生涯中，必然会操作的一种组合。预计未来必然发生巨大的波动，但不知道价格波动的方向时，可以同时买进看涨期权和看跌期权。由于价格在发生巨大波动后，只能选择一个方向，所以这种组合的一方出现大幅盈利、一方出现大幅亏损。又由于期权理论上盈利无限、亏损有限的特性，盈利的幅度大于亏损的幅度。

跨式组合与宽跨式组合被称为傻瓜式套利组合，是在期权交易中总会用到的一种交易方法。跨式组合构建时，同时买进平值看涨、看跌期权。宽跨式组合构建时，同时买进与平值期权对称的虚值看涨、看跌期权（未同时构建组合时，为特殊情况）。

假设我们预计50ETF在未来一段时间内会发生巨大的波动，且2021年4月26日50ETF收盘价为3.458元。构建跨式期权如下：

买进50ETF2109－C－3.5，价格0.0520元。

买进50ETF2109－P－3.5，价格0.1007元。

跨式组合盈利有两种情况，一种是看大涨大跌，一种是赌波动率上涨。

盘中看大涨大跌的情况下，如果50ETF上涨，标的上涨的幅度必须带动看涨期权上涨超过0.1007元，才能盈利。如果50ETF下跌，标的下跌的幅度必须带动看跌期权上涨超过0.0520元，才能盈利。

或者到期时的情况，看涨或看跌期权，最少有一个期权合约无价值到期。因此另一个期权行权的话，行权的盈利，必须覆盖两张期权的权利金成本。

本例中，两张期权共付出0.0520＋0.1007＝0.1527元/份。即行权时，50ETF或者上涨至3.458＋0.1527＝3.6107元以上，或下跌至3.458－0.1527＝3.3053元以下，也即50ETF或者上涨4.42％或者下跌4.42％之后才能盈利。除非赌大涨或大跌，否则（本例中）仅有4.42％的波动幅度，也只不过盈亏平衡而已。

因为平值跨式期权太贵，成本太高，所以很多人会选择宽跨式组合。当前50ETF收盘价3.458元，近似平值行权价为3.5元。

那么虚5档的看跌期权行权价为3元，虚5档的看涨期权行权价为4元。构建宽跨式组合如下：

买进50ETF2105－C－4，价格0.0018元。

买进50ETF2105－P－3，价格0.0024元。

构建这一组宽跨式组合仅需要42元/组，相比平值期权的成本1527元/组，便宜了很多。

但宽跨式期权并不以到期行权为目的，而是通过标的到期之前大幅度的波动来盈利。

50ETF2105到期日为5月26日，距购买日还有17个交易日，假设10个交易日后，即5月17日时，50ETF上涨至4元：

买进的 50ETF2105－C－4 由 0.0018 元上涨至 0.0592 元，盈利 0.0574 元。如图 2－14。

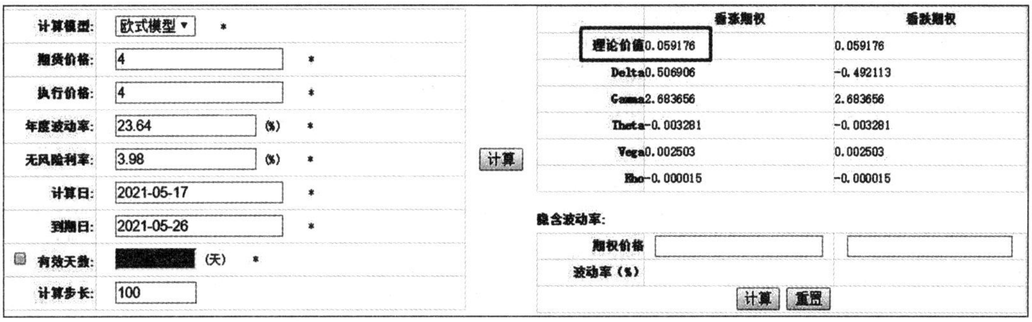

图 2－14　50ETF2105－C－4 计算结果

买进的 50ETF2105－P－3 由 0.0024 元下跌至 0.0000 元，亏损 0.0024 元。（理论上最低价只能为 0.0001 元，无价值到期后，亏损为全部权利金）。如图 2－15。

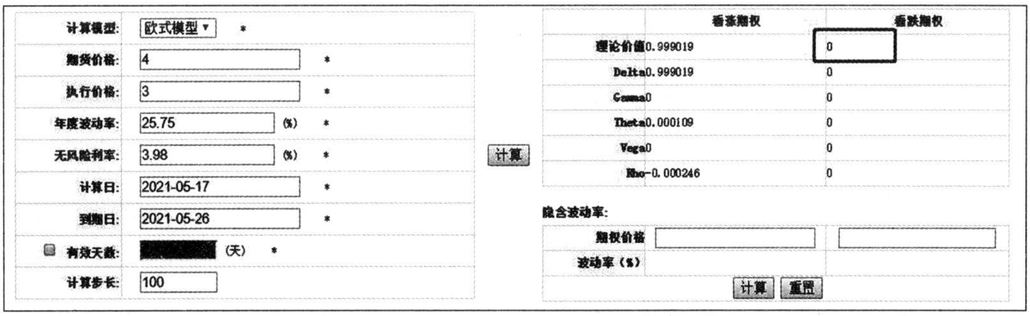

图 2－15　50ETF2105－P－3 计算结果

两张期权盈利共 0.0574－0.0024＝0.0550 元，即每组宽跨式盈利 550 元，成本 42 元，盈利 12.1 倍。

同样，如果 5 月 17 日时，50ETF 下跌至 3 元。则：

买进的 50ETF2105－C－4 由 0.0018 元下跌至 0.0000 元，亏损 0.0018 元。如图 2－16。

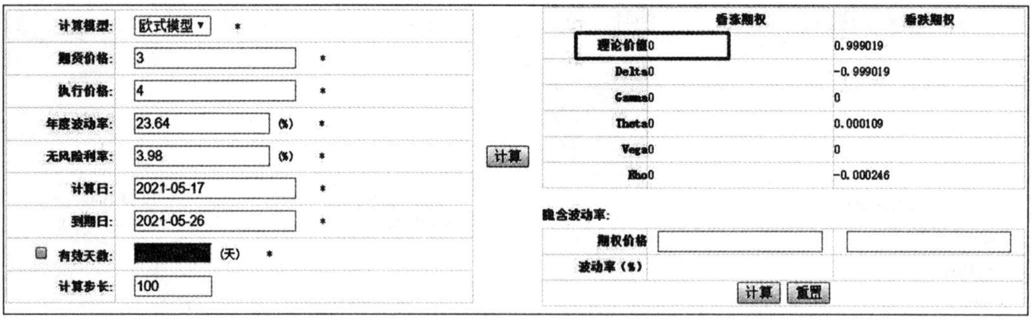

图 2-16　50ETF2105-C-4计算结果

买进的50ETF2105-P-3由0.0024元上涨至0.0483元，盈利0.0459元。如图2-17。

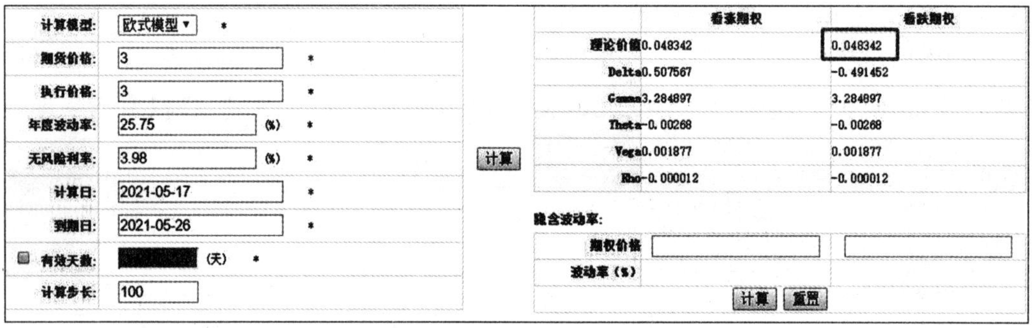

图 2-17　50ETF2105-P-3计算结果

总盈利为0.0459-0.0018=0.0441元，即每组宽跨式盈利441元，成本42元，盈利9.5倍。

标的涨跌幅度越大，距离到期日越远，盈利越高。如果到期行权，则无法获得如此之高的盈利幅度。

跨式与宽跨式从来都不是以到期行权为目的的交易方式，它们都是要寻找大涨大跌之后赚取权利金的差价。即都是要在盘中了结，而不是要到期了结。

到期了结是一件非常划不来的事，盘中了结赚取权利金差，影响宽跨式与跨式组合盈利的另一个重要的因素就是波动率。隐含波动率越高，期权定价越高。隐含波动率越低，期权定价越低。所以我们不把宽跨式与跨式组合看成是两个不同的期权合约，而是把它们看成一个在当前隐含波动率下的整体。

当前隐含波动率为 10，两张期权的总价值为 X。即便标的价格不变动，只要隐含波动率高于 10，两张期权的总价值就会高于 X。隐含波动率变动越大，两张期权的总价值越高。

所以宽跨式与跨式组合的两个决定因素为：标的波动，隐含波动率波动。二者缺一不可。

我们想象一下，标的今天上涨 5％，明天下跌 6％，后天上涨 8％，大后天下跌 7％，隐含波动率会越来越大。由于标的相对波动幅度大、绝对波动幅度小，到期了结时宽跨式与跨式组合却只能赚到可怜的一点点利润，甚至亏损。

再想象一下，标的连续上涨或连续下跌，但市场参与者的总和"市场先生"总是认为，波动率可能会越来越小。今天涨 8％，明天涨 7％，后天涨 6％，大后天涨 5％。波动率越来越小，宽跨式与跨式组合的总价值也会越来越低，也赚不到钱。

所以宽跨式与跨式组合盈利的条件，我们再总结一下：标的连续向一个方向、以不断扩大的幅度行进。

第三章

看小涨，看小跌

如果说看大涨、看大跌，我们只是顺应趋势，根本不去预测价格到底会涨到哪里或跌到哪里。那么看小涨、看小跌就必须预判价格会涨到哪里或跌到哪里。因为这是在一个相对较小的幅度内腾挪，它不会给我们类似看大涨、看大跌那么大幅的盈亏比，所以就必须提高准确率，来提高长期交易的数学期望值。但对于准确率的把握，努力的方向并不在期权上，因为期权是依托于标的存在的，故努力的方向在标的身上。那么期权能帮上什么忙呢？降低成本。即如果我们无法提高准确率，也能让我们少亏一点。或者在风险相同的情况下，多赚一点，变相达到降成本的目的。

3.1　垂直套利组合策略

垂直套利策略是指在同一到期日的期权内，同时或不同时买进不同行价权的看涨或看跌期权以获利。由于行权价一高一低，而称为垂直套利。垂直套利组合有四种形式，分别是牛市借方看涨期权垂直套利组合、牛市贷方看跌期权垂直套利组合、熊市借方看跌期权垂直套利组合、熊市贷方看涨期权垂直套利组合。看名字非常烦琐，不过没关系，常用的只有两种，并且这两种还是镜像关系。

3.1.1　四种垂直套利组合的盈亏曲线

第一种牛市借方看涨期权垂直套利组合，是在同一期权品种下：

买进，X 份，低行权价，看涨期权；

卖出，X 份，高行权价，看涨期权。

这里先讲一讲权利金的概念。所谓权利金，就是期权的价格！撇开期权行权，期权交易其实就是简单的期权权利金的价差交易。

例如：

标的：300ETF

标的价格：5.000 元

期权合约：300ETF2108c5.25（2108 合约执行价为 5.25 元的看涨期权）

期权权利金：0.0105 元

解释：行情观点＋期权策略

因为看涨 300ETF 的走势，预期会从 5.0 元向 5.25 元发展。如果价格发展到 5.25 元时，仍可以用 5.0 元的成本买入，买入期权！买入执行价为 5.25 元的看涨期权：300ETF2108c5.25，就拥有了这份期权。

但买入这份权利，需要支付成本，当 300ETF 此刻价格是 5.000 元的时候对应的 300ETF2101c5.25 看涨期权的权利金也就是价格为 0.0105 元，因此买入这份权利的成本是 0.0105×10000（合约乘数，1 手 ETF 代表 1 万份）＝105（元）。

由于低行权价看涨期权的价格比高行权价看涨期权的价格更高，所以支付的权利金要高于收到的权利金，从我们自己的角度来看，现金向外流出。

例如 2021 年 4 月 27 日沪深 300 指数收于 5090.52 点，看小涨，可以：

买进，IO2105－C－5100，1 张，价格 77.6 元；

卖出，IO2105－C－5300，1 张，价格 22.2 元。

行权或履约情况如表 3－1，盈亏曲线如图 3－1。

表3-1　盈亏数据

标的价格	期权多头是否行权	期权多头盈亏	期权空头是否履约	期权空头盈亏	总盈亏
4800	不行权	−7760	不履约	2220	−5540
4900	不行权	−7760	不履约	2220	−5540
5000	不行权	−7760	不履约	2220	−5540
5100	不行权	−7760	不履约	2220	−5540
5200	行权	2240	不履约	2220	4460
5300	行权	12240	不履约	2220	14460
5400	行权	22240	履约	−7780	14460
5500	行权	32240	履约	−17780	14460
5600	行权	42240	履约	−27780	14460

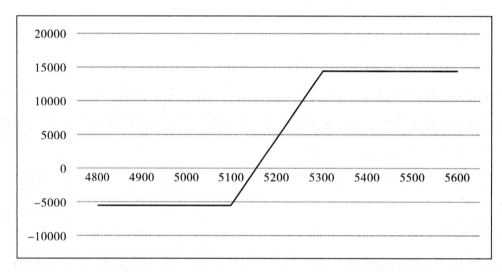

图3-1　牛市借方看涨期权垂直套利组合盈亏曲线

对比裸买看涨期权的最大亏损7760元，这种组合方式可以使最大亏损降低至5540元。所付出的代价是给最大盈利盖上了天花板，但无所谓，因为我们的初衷是看小涨。

第二种熊市借方看跌期权垂直套利组合，是在同一期权品种下：

买进，X份，高行权价，看跌期权；

卖出，X份，低行权价，看跌期权。

由于高行权价看跌期权的价格比低行权价看跌期权的价格更高，所以支付的权利金要高于收到的权利金，从我们自己的角度来看，现金向外流出。

例如 2021 年 4 月 27 日沪深 300 指数收盘价 5090.52 点，看小跌，可以：

买进，IO2105－P－5100，1 张，价格 115 元；

卖出，IO2105－P－4800，1 张，价格 19.2 元。

行权或履约情况如表 3－2，盈亏曲线如图 3－2。

表 3－2 盈亏数据

标的价格	期权多头是否行权	期权多头盈亏	期权空头是否履约	期权空头盈亏	总盈亏
4500	行权	48500	履约	－28080	20420
4600	行权	38500	履约	－18080	20420
4700	行权	28500	履约	－8080	20420
4800	行权	18500	不履约	1920	20420
4900	行权	8500	不履约	1920	10420
5000	行权	－1500	不履约	1920	420
5100	不行权	－11500	不履约	1920	－9580
5200	不行权	－11500	不履约	1920	－9580
5300	不行权	－11500	不履约	1920	－9580

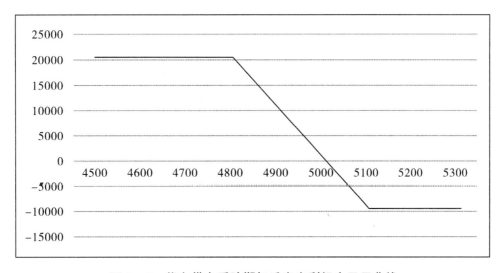

图 3－2 熊市借方看跌期权垂直套利组合盈亏曲线

对比裸买看跌期权的最大亏损 11500 元，这种组合方式可以使最大亏损降低至 9580 元。所付出的代价是给最大盈利盖上了天花板，但无所谓，因为我们的初衷是看小跌。

最常用的垂直套利组合是借方组合，不太常用的垂直套利组合是贷方组合。

第三种牛市贷方看跌期权垂直套利组合，是在同一期权品种下，

买进，X 份，低行权价，看跌期权；

卖出，X 份，高行权价，看跌期权。

由于高行权价看跌期权的价格比低行权价看跌期权的价格更高，所以收的权利金要高于支付的权利金，从我们自己的角度来看，现金向内流入。

例如 2021 年 4 月 27 日沪深 300 指数收盘价 5090.52 点，看小涨，可以：

买进，IO2105－P－4800，1 张，价格 19.2 元；

卖出，IO2105－P－5100，1 张，价格 115 元。

行权或履约情况如表 3－3，盈亏曲线如图 3－3。

表 3－3　盈亏数据

标的价格	期权多头是否行权	期权多头盈亏	期权空头是否履约	期权空头盈亏	总盈亏
4500	行权	28080	履约	－48500	－20420
4600	行权	18080	履约	－38500	－20420
4700	行权	8080	履约	－28500	－20420
4800	不行权	－1920	履约	－18500	－20420
4900	不行权	－1920	履约	－8500	－10420
5000	不行权	－1920	履约	1500	－420
5100	不行权	－1920	不履约	11500	9580
5200	不行权	－1920	不履约	11500	9580
5300	不行权	－1920	不履约	11500	9580

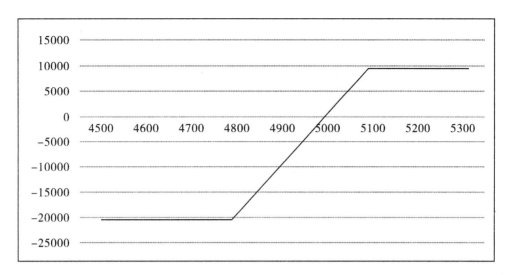

图 3－3　牛市贷方看跌期权垂直套利组合盈亏曲线

这种贷方组合有意思的地方在于，它是利用看跌期权来达到看涨的目的。卖出行权价为 5300 的看跌期权，意为看涨，想坐收权利金。但又害怕自己看错了，不想承担巨大的风险，那么只能给期权空头再上一个保险。如果标的不涨反跌，看跌期权多头还能提供对冲，这就是再保险。贷方组合的另一个特别之处，在于构建组合时，不用付出成本，资金是向内流入的，账户本身的余额还会增高。有些人贪图这种小便宜，有时也会使用贷方组合。

第四种熊市贷方看涨期权垂直套利组合，是在同一期权品种下，

买进，X 份，高行权价，看涨期权；

卖出，X 份，低行权价，看涨期权。

由于低行权价看涨期权的价格比高行权价看涨期权的价格更高，所以收到的权利金要高于付出的权利金，从我们自己的角度来看，现金向内流入。

例如 2021 年 4 月 27 日沪深 300 指数收于 5090.52 点，看小涨，可以：

买进，IO2105－C－5300，1 张，价格 22.2 元；

卖出，IO2105－C－5100，1 张，价格 77.6 元。

行权或履约情况如表 3－4，盈亏曲线如图 3－4。

表3-4　盈亏数据

标的价格	期权多头是否行权	期权多头盈亏	期权空头是否履约	期权空头盈亏	总盈亏
4800	不行权	−2220	不履约	7760	5540
4900	不行权	−2220	不履约	7760	5540
5000	不行权	−2220	不履约	7760	5540
5100	不行权	−2220	不履约	7760	5540
5200	不行权	−2220	履约	−2240	−4460
5300	不行权	−2220	履约	−12240	−14460
5400	行权	7780	履约	−22240	−14460
5500	行权	17780	履约	−32240	−14460
5600	行权	27780	履约	−42240	−14460

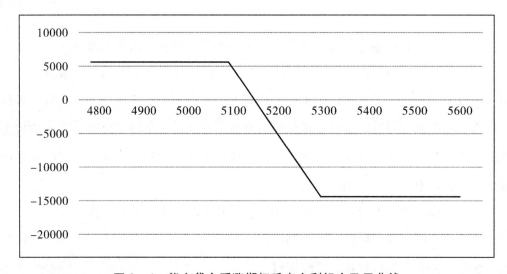

图3-4　熊市贷方看涨期权垂直套利组合盈亏曲线

与牛市贷方看跌期权垂直套利组合的意义相同，不再赘述。

3.1.2　套利组合中空头行权价的选择

由于贷方组合的盈亏比不高，对准备率的要求更高，所以并不常用。通常我们都会使用借方组合。

垂直套利的优势：对冲波动率。因买卖的是同一到期日的合约，波动率基本相同，所以基本不会有看对方向反而赚不到钱的情况。亏损有限，即付出权利金与收到权利金的差有限。

垂直套利的劣势：方向看对了，因一条腿赚钱，一条腿亏损，所以盈利不高，最高盈利为行权价差值的价值，再减去权利金差。

例如股票 A 现价 40 元，A－C－40＝3，A－C－45＝1。

买进 A－C－40＝3。

卖出 A－C－45＝1。

当股票价格下跌至 40 元以下时，买进的 A－C－40 为虚值期权，无价值到期，每股亏损全部权利金 3 元。卖出的 A－C－45 为虚值期权，无价格到期，每股坐收权利金 1 元，权利金差为－2 元，总亏损 200 元（－2×100，1 手股票 100 股）。

当股票价格上涨至 45 元以上，例如 46 元时，买进的 A－C－40 为实值期权，行权后以 40 元的价格买进股票，再以 46 元的市价卖出股票，盈利 600 元（6×100）。卖出的 A－C－45 为实值期权，履约，以市价 46 元买进，再以约定的 45 元卖出，亏损 100 元（－1×100）。行权与履约盈利共 500 元。买进期权付出权利金 300 元，卖出期权收到权利金 100 元，权利金差－200 元，再加上行权与履约盈利 500 元，总盈利 300 元。

最大亏损为权利金差，本例为（1－3）×100＝－200 元。

最大盈利为虚值与实值差，再减去权利金差，本例为（45－40－2）×100＝300 元。

我们并不在意是否到期，稳稳当当地投十拿一即可。那么能不能在未到期之前就兑现利润呢？能。但可能赚不到该组合的最大利润，当然反过来，也不会达到最大亏损。

垂直套利，将最大亏损与最高利润全部锁定，所以只能看小涨。小涨的范围即虚值与实值之差。

那么怎么看小涨？问题不在于期权，期权只是给出了解决方案，并不能给出看小涨的时机。特别是垂直套利，在同一合约内买卖对冲，与波动率亦无干系。所以只能依托于对标的的分析，这是另一套系统的问题。

我们采用傻瓜式看小涨技术分析举例，当 KD 低于 25 后形成金叉时，确认为看小涨的起涨点。若 KD 死叉，或 KD 进入超买区后 K 值拐头时平仓。即：

当建仓点出现时，建立垂直套利组合。

当平仓点出现时，了结垂直套利组合。

我们先来看日线。

2021年3月26日，沪深300指数的KD在进入25之下后，形成金叉。沪深300指数收盘价5037.99点。

建立垂直套利组合：

买进，IO2105－C－5000，当日收盘价159.8元，一条腿建立。

另一条腿怎么建立呢？卖出哪个虚值合约呢？既然是小涨，两个行权价之间便不能离得太远。

虚两档，卖出IO2105－C－5200，当日收盘价81.8元。可以卖吗？先算一下账。

最大亏损：8180－15980＝－7800元。

最大盈利：20000－15980＋8180＝12200元。

风险收益比：0.64：1。

虚四档，卖出IO2105－C－5400，当日收盘价39.2元。

最大亏损：3920－15980＝－12060元。

最大盈利：40000－15980＋8180＝32200元。

风险收益比：0.37：1。

虚六档，卖出IO2105－C－5600，当日收盘价19.4元。

最大亏损：1940－15980＝－14040元

最大盈利：60000－15980＋8180＝52200元

风险收益比：0.27：1。

后面不必计算了，虚值的深度越高，风险收益比越低。但我们不能无休止地卖出最深度的看涨期权。因为风险收益比是百分比，我们忽略了亏损的绝对值。

虽然深度较浅的虚值期权的收益比低，但真正出现亏损时，它却亏得最多。并且我们的初衷是看小涨，虚值程度越大，越背离我们的初衷。那到底选哪个好呢？

麦克米伦给出的建议是：假定标的在到期时上涨的幅度等于平值看涨期权中的时间价值的2倍。

假设平值期权的时间价值为X，那么卖出行权价为5000＋2X的看涨期权，根据经验有可能得到最大盈利。X又等于多少呢？平值看涨期权中的时间价值的

2倍。

看涨期权的时间价值是多少呢？绝对平值期权没有内在价值，只有时间价值。当然在实际交易中，很少能找到绝对平值的合约，不过可以计算。

3月26日沪深300指数收于5037.99点，最接近平值的期权IO2105－C－5000收盘价159.8元。

时间价值＝权利金－内在价值＝159.8－0＝159.8。

假设预计上涨幅度为时间价值的2倍，即159.8×2＝319.6点。那么卖出5000＋319.6＝5319.6的看涨期权，即卖出IO2105－C－5300。

牛市借方垂直套利组合建立，3月26日。

买进IO2105－C－5000建仓，价格159.8元。

卖出IO2105－C－5300建仓，价格57.8元。

至2021年4月7日，KD指标中K值进入超买区后向下拐头，了结套利组合。

IO2105－C－5000，买进159.8元，卖出156.2元。

IO2105－C－5300，卖出57.8元，买进46元。

总计盈利：820元［（156.2－159.8＋57.8－46）×100］。这笔交易盈利不多，因为从3月26日至4月7日沪深300指数本身涨幅有限。标的上涨推升看涨期权上涨的幅度，不足以抵消时间价值误差的幅度，所以单看IO2105－C－5000，实际上是亏损的。但正是由于IO2105－C－5300的对冲保护，使得整体组合在小幅上涨中，还能够获利，这就是垂直套利组合的作用。

再看一组亏损案例，还是用傻瓜式超卖区KD金叉作为买点，死叉或超买区拐头作为卖点。2021年3月12日，CF2109给出买点，当日收盘价为16045元。买进CF2109－C－16000建仓，当日收盘价1050元。

预计涨幅＝平值期权时间价值×2。CF2109－C－16000为近似平值期权，它的时间价值＝1050（权利金）－45（内在价值）＝1005元。预计涨幅为1005×2＝2010元，预计上涨至16045＋2010＝18055点。所以卖出CF2109－C－18000建仓，当日收盘427元。构建牛市借方垂直组合完毕。

至2021年3月16日，KD死叉给出卖出点，了结垂直组合。如图3-5。

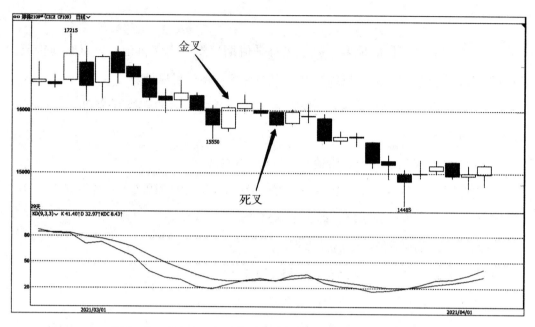

图 3-5 CF2109 在下跌过程中 KD 金叉的一次试错交易

CF2109-C-16000，1050 元买进，798 元卖出。

CF2109-C-18000，427 元卖出，350 元买进。

总计亏损（798-1050+427-350）×5=-875 元。

若直接在 3 月 12 日收盘 16115 元买进 CF2109，在 16 日收盘价 15775 元卖出，亏损 1700 元。亏损幅度高于垂直组合。

垂直组合锁定亏损，也锁定了利润。垂直组合并不是万金油，或者承担更高风险寻找更大利润，或者承担较小风险接受较小利润，而是鱼还是熊掌的问题。

不过，既然是"看小涨"，本就遵循着短平快的原则，并不是单边大机会。所以，不要火中取栗、刀头舔血，还是风险越小越好。如果想要大利润，那就不要寻找"看小涨"的技术信号来交易，而应该直接去赌看大涨。所以归根结底，最终还是要把注意力放在对标的本身的分析上。

再说"看小涨"的技术信号，超卖区金叉作为起涨点、超买区死叉作为起跌点行不行？可以考虑，但不能作为单一信号使用。毕竟根据 KD 的计算逻辑，它在超买、超卖区起起伏伏的案例太多了。

"看小涨、看小跌"的技术分析方法有很多，例如上穿下跌趋势线，或脱离快速下跌后的反弹。以 CF2109 为例，如图 3-6：

图 3－6　CF2109 上破下跌趋势线

2021 年 4 月 6 日 CF2109 上穿下跌趋势线，虽然并不能确认它一定会大涨，但它可能会诱发一段反弹走势。先看反弹，再看反转。所以在上穿下跌趋势线时，我们判断它可能会"小涨"。此时便可构建垂直价差组合。CF2109 当日收盘为 15325 元。

最接近的平值看涨期权为 CF2109－C－15400，当日收盘价为 766 元。CF2109－C－15400 为虚值期权，所以 766 元全部都是时间价值。两倍的时间价值＝766×2＝1532 元，预计上涨至 15325＋1532＝16857 元。所以卖出 CF2109－C－16800，当日收盘价为 353 元。

至 2021 年 4 月 27 日写作此节内容时，盈亏情况如下：

CF2109－C－15400，买价 766 元，现价 960 元。

CF2109－C－16800，卖价 353 元，现价 351 元。

一组牛市垂直价差组合盈利 980 元［（960－766＋353－351）×5］。遇到这种情况我们要构建多少组组合呢？这是资金管理的问题。

再看图 3－6，如果在 4 月 6 日以收盘价 15325 元直接买进 CF2109，以前期最低价 14485 元止损，止损幅度为（15325－14485）×5＝4200 元。

若给予垂直套利组合同样的风险，能做多少组？垂直套利组合最大的风险是两个期权合约的权利金差，付出权利金 $766 \times 5 = 3830$ 元，收到权利金 $353 \times 5 = 1765$ 元，最大亏损为 $1765 - 3830 = -2065$ 元，在 4200 元的风险下，可以做两组。两组套利组合的账面盈利为 $980 \times 2 = 1960$ 元。

CF2109 在 4 月 6 日的买价为 15325 元，至 4 月 27 日 15885 元，盈利 2800 元。

盈利垂直套利虽然不多，但不要忘了我们的初衷，看小涨。本身对 CF2109 的上涨期待就不高，能涨一点算一点。什么时候了结组合呢？那就要看对 CF2109 的技术分析的把控了。

另外在下跌趋势中，超跌后也会出现反弹。如图 3-7，还处于大级别下跌趋势线的控制之下，但峰谷已经打乱了向下的有序排列，可能出现一波反弹。反弹的终点可设为大级别趋势线。

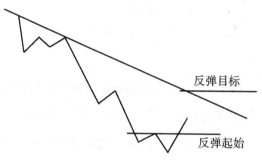

图 3-7　超跌后的反弹

反过来，当价格向下跌破上涨趋势时，或在快速上涨后回落打乱了峰谷排列的秩序时，也可以利用看跌期权来构建熊市看跌期权借方垂直套利组合。

我们在构建牛市价差组合时，买进腿很好建立，麻烦的是卖出腿。到底卖谁比较合适，在没有明确目标时，我们可以根据麦克米伦的建议来计算。如果有了明确的反弹目标，那就没有障碍了。

资金管理方面，可以根据组合的理论最大风险来计算单组最大风险，再用总风险除以单组风险，便可计算交易量。

3.2　持保看涨策略

持保看涨策略是指在手中持有标的多头的同时，卖出看涨期权。如果标的价格上涨，则可在触发履约的情况下，按约定价格卖出手中标的。若标的价格下跌，则可坐收卖出看涨期权的权利金，减少标的价格下跌的损失。持保看涨策略适合于长期持有策略，是国外养老金账户管理的标配。

为了讲清楚持保看涨策略，我们要先从卖出期权策略入手。

3.2.1　履约焦虑

期权的卖方在持有期权空头头寸的全过程中，都有履约焦虑（有些书中将履约称为被指派）。所以我们有必要先说明一下期权空头的盈亏平衡点，与期权多头的行权平均点。

期权分为欧式期权与美式期权，欧式期权必须在到期日方可行权，50ETF期权采取欧式行权制度；美式期权则可在到期之前任何时间点行权，商品期权采取美式行权制度。所以做50ETF或两种300ETF期权，在期权到期日之前，都不会被行权，这就给了期权套利组合非常大的操作空间。

假设股票A的价格为50元，行权价为48元的看涨期权价格为3元，构建持保看涨期权组合。

1. 以50元的价格买进股票A，100股。

2. 卖出A-C-48，1张。

3. 总成本为4700元（50×100-3×100）。

4. 持保看涨组合看作一个成本为47元/股的整体。

情况1：当股价下跌至48元时，期权多头会行权吗？

到期时期权多头行权成本：以48元买进对手手中100股股票，花费权利金300元，总成本为5100元（48×100+3×100）。

到期时期权多头不行权成本：以48元在市场中买进100股股票，花费权利金300元，总成本为5100元（48×100+3×100）。

所以股票A价格为48元时，期权多头无论是否行权，总成本是不变的，48元是期权多头的行权平衡点。

此时再看空头，我们说过构建持保看涨组合后，要将组合看成一个成本为47元/股的整体。

若多头行权，我们总成本47元，以48元卖出，盈利100元。

若多头不行权，我们总成本 47 元，当前价格 48 元，账面盈利 100 元。

情况 2：当股价下跌至 47.99 元时，期权多头会行权吗？

到期时期权多头行权成本：以 48 元买进 100 股股票，花费权利金 300 元，总成本为 5100 元。

到期时期权多头不行权成本：以市价 47.99 元买进 100 股股票，花费权利金 300 元，总成本 5099 元。

行权比不行权的成本多 1 元，所以此时期权多头必然不会行权。

那有没有多头算不过来账，即便股价达到 47.99 元（或以下）时，还要行权的情况呢？不排除。不过没关系。

如果多头行权，我们将手中总成本 47 元的股票以 48 元的价格卖出，获利 100 元，总盈利是不变的，手中持仓不变，成本还低了 1 元。如果我们有兴趣，还可以再以 47.99 元的价格买回股票。

如果期权多头在行权平衡点以下行权，对于期权空头来说，非但无害，还更有利。

情况 3：当股价上涨至 48.01 元的时候，期权多头会行权吗？

到期时期权多头行权成本：以 48 元买进 100 股股票，花费权利金 300 元，总成本为 5100 元。当前价格 48.01 元，多头账面亏损 299 元。

到期时期权多头不行权成本：以市价 48.01 元买进股票 100 股，花费权利金 300 元，总成本为 5101 元。当前价格 48.01 元，多头账面亏损 300 元。

当股票价格超过行权平衡点后，多头必然行权。

情况 4：当股价上涨至 49 元时，期权空头会怎样？

对于期权空头来说，无论股价高于 48 元多少，利润都已被锁定在 48 元。都是总成本 47 元，以 48 元卖出，盈利 100 元。

所以对于持保看涨组合来说，都不必有履约焦虑。或者说焦虑可以有，但焦虑的对象不对。空头应该焦虑的是空头与多头的盈亏平衡点。

因为持保看涨组合的总成本为 47 元/股，所以当股价低于 47 元时，组合会亏损。

因为多头行权的总成本为 51 元/股，所以当股价高于 51 元时，多头（对手）产生盈利，对手的盈利，就是自己的潜在亏损。

期权空头的焦虑点应当放在实际亏损点（47 元）与潜在亏损点（51 元）上，

才是正道。

如果产生了实际亏损或潜在亏损，期权空头应该怎么办呢？请看下面的内容。

3.2.2　挪仓

持有持保看涨组合时，如果向下触及期权多头的行权平衡点，或向上触及多头的盈亏平衡点，作为卖出看涨期权的空头，便会遭受实际亏损或潜在亏损。此时应当怎么办？挪仓。

构建持保看涨组合分为两部分：一为买进标的，二为卖出看涨期权。所谓挪仓，不是挪动标的的仓位，而是挪动看涨期权的行权价。

如果标的价格下跌，卖出的看涨期权账面盈利，可以选择平掉看涨期权，获利后，再卖出更低行权价的看涨期权，重新构建持保看涨组合。

如果标的价格上涨，卖出的看涨期权账面亏损，可以选择买平看涨期权，认亏后，再卖出更高行权价的看涨期权，重新构建持保看涨组合。

下面举例说明。

例1：50ETF亏损时的持保看涨策略。2021年3月5日，50ETF收盘价3.678元。

构建持保看涨组合：

1. 以3.678元的价格买进1万份50ETF。

2. 以当日收盘价0.1832元卖出1张50ETF2106－C－3.7。

3. 构建为卖出近似平值期权的持保看涨组合。

2021年3月8日，50ETF收盘价为3.561元。持有的1万份50ETF账面浮亏1170元。50ETF2106－C－3.7收盘价0.1237元，账面浮盈595元。

由于50ETF收盘价为3.561元，此时卖出的看涨期权已经不再是近似平值期权，所以以0.1237的价格买平50ETF2106－C－3.7，以当日收盘价0.1623元的价格卖开50ETF2106－C－3.6，重新构建平值期权的持保看涨组合。

3月5日账面：

1. 买入50ETF1万份，成本36780元。

2. 卖开50ETF2106－C－3.7，收到权利金1832元。

3. 持保看涨组合总成本34948元（36780－1832）。

3月8日账面：

1. 50ETF1万份，账面浮亏1170元［（3.561－3.678）×10000］

2. 买平50ETF2106－C－3.7盈利595元。

3. 卖开50ETF2106－C－3.6，收到权利金1623元。

4. 总盈亏：1048元（595＋1623－1170）。

经历了大幅下跌之后，同样的平值持保看涨组合，算总账反而是盈利的，这就是挪仓的作用。

我们把随后的过程列成表格见表3－5（只要卖出的看涨期权不再是近似平值期权，当日收盘平仓，重新卖出近似平值看涨期权）。

表3－5　50ETF亏损时平值期权构建持保看涨策略与挪仓数据

时间	50ETF价格	卖出期权合约	卖开期权价格	买平期权
3月5日	3.678	C－3.7	0.1832	
3月8日	3.561	C－3.6	0.1623	0.1237
3月9日	3.505	C－3.5	0.1761	0.1373
3月10日	3.523	C－3.5		
3月11日	3.614	C－3.6	0.1693	0.2227
3月12日	3.617	C－3.6		
3月15日	3.558	C－3.6		
3月16日	3.582	C－3.6		
3月17日	3.577	C－3.6		
3月18日	3.591	C－3.6		
3月19日	3.496	C－3.5	0.1338	0.0958
3月22日	3.523	C－3.5		
3月23日	3.504	C－3.5		
3月24日	3.454	C－3.5		
3月25日	3.452	C－3.5		
3月26日	3.514	C－3.5		
3月29日	3.521	C－3.5		
3月30日	3.561	C－3.6	0.1058	0.1517
3月31日	3.527	C－3.5	0.1328	0.0911
4月1日	3.567	C－3.6	0.1074	0.1545
4月2日	3.601	C－3.6		

数据只列到这里，可以无限列下去，意思是一样的，赘述没意义。自从3月5日买进50ETF以来一直震荡下跌，完全没有盈利，我们要考察在这种情况下，构建持保看涨组合的效果如何。

4月2日收盘时，50ETF收盘价3.601元，此时50ETF持仓亏损770元。在构建持保看涨组合后，不断平仓、挪仓过程中，盈利865元。不但弥补了50ETF的亏损，还多盈利了95元（未考虑手续费）。并且4月1日，我们所记录的4月1日卖出C－3.6还收到1074元的权利金。假设，从4月1日开始至到期，50ETF都在3.6元以下窄幅震荡，我们还会坐收最后一笔权利金。

例2：50ETF上涨时的持保看涨策略。4月15日50ETF收盘价3.419元，构建近似平值持保看涨组合，卖出50ETF2106－C－3.4。随后数据如表3－6：

表3－6　50ETF盈利时平值期权构建持保看涨策略与挪仓数据

时间	50ETF价格	卖出期权合约	卖开期权价格	买平期权
1月29日	3.704	C－3.7	0.2445	
2月1日	3.731	C－3.7		
2月2日	3.752	C－3.8	0.1948	0.2423
2月3日	3.764	C－3.8		
2月4日	3.787	C－3.8		
2月5日	3.834	C－3.8		
2月8日	3.875	C－3.9	0.1970	0.2437
2月9日	3.939	C－3.9		
2月10日	4.012	C－4	0.2220	0.2713
2月18日	4.007	C－4		

2月18日收盘时，50ETF收盘价4.007元，此时50ETF持仓盈利3030元。在构建持保看涨组合后，不断平仓、挪仓过程中，亏损1210元。在此过程中，由于50ETF是欧式期权，所以在到期之前不必担心被迫履约的问题。

期权亏损会吞噬50ETF本身的盈利，那持保看涨组合还有意义吗？有。2月10日，我们还收到一笔权利金2220元。我们要分为三种情况讨论。

一是后市不断上涨，我们还是会不断向上挪仓，虽然在挪仓的过程中会出现亏损，但最后一笔权利金收入会覆盖之前的亏损。

二是后市在当前价格处震荡，不必挪仓，坐收最后一笔 2220 元权利金，覆盖前期亏损。

三是后市在不断下跌，我们不断向下挪仓，挪仓过程中的盈利会覆盖 50ETF 本身的损失。

通过以上两个例子，分别从 50ETF 亏损和盈利两种情况讨论持保看涨策略，不论哪种情况，持保看涨策略都能给出较好的结果。我们还要特别说明的是，持保看涨策略不适合短线、波段操作，它更适合在长期持有标的的状态下，不断地获取小额权利金收益，使标的盈亏曲线更加平缓。

需要注意的是：本例的数据比较特殊，基本每一次向上挪仓后收到的权利金都能覆盖前期权利金的亏损。但在其他品种，通常挪仓两次后便会出现权利金亏损的情况。在交易其他品种时，要做好只挪仓两次的准备。如果需要第三次挪仓，前期组合不动，等待期权空头的对手行权，我们履约，将手中的标的卖出。同时构建新的持保看涨策略组合。

3.2.3　持保看涨行权价的选择

构建持保看涨组合时，我们用的平值期权，即选择行权价最接近标的价格的看涨期权卖出。

对于看涨期权，行权价高于标的价格的期权称为虚值期权，行权价低于标的价格的期权称为实值期权。如果在构建组合时，不用平值期权，而用实值或虚值期权，会不会比平值期权更好呢？

实值期权价格高，虚值期权价格低。以 2021 年 4 月 28 日收盘数据为例，当日 50ETF 收盘价为 3.467 元，近似平值期权行权价 3.5 元。虚两档看涨期权为 50ETF2105－C－3.7，实两档看涨期权为 50ETF2105－C－3.3。买入 1 万份。

先看虚值期权，50ETF2105－C－3.7 的收盘价为 0.0092 元，用它来构建组合。组合的成本为 34578 元（34670－92）。若 50ETF 跌至 0 元，最大风险为 34578 元。最大盈利为买方行权后以 37000 元的价格卖出总成本为 34578 元的持保看涨组合，总盈利 2422 元。

理论盈亏比：2422/34578＝0.07：1。

再看实值期权，50ETF2105－C－3.3 的收盘价为 0.1845 元，用它来构建组合。组合的成本为 32825 元（34670－1845），若 50ETF 跌至 0 元，最大风险为 32825 元。最大盈利为买方行权后以 33000 元的价格卖出总成本为 32825 元的组合，总盈利 175 元。

理论盈亏比：175/32825＝0.005∶1。

最后看平值期权，50ETF2105－C－3.5 的收盘价为 0.0527 元，用它来构建组合。组合的成本为 34143 元（34670－527），若 50ETF 跌至 0 元，最大风险为 34143 元。最大盈利为买方行权后以 35000 元的价格卖出总成本为 34143 元的组合，总盈利 857 元。

理论盈亏比：857/34143＝0.025∶1。

从以上数据来看，收益排序为虚值、平值、实值。但这只是理论盈亏比，在实际交易中，还要考虑实际风险与实际盈利。

50ETF 不可能跌至 0 元，实际风险比理论风险小很多，即盈亏比的分母会比理论数据小很多。同样，理论上的最大盈利，在实际交易中可能无法获得，即盈亏比的分子会比理论数据小很多。

如果 50ETF 下跌至构建组合的总成本之下时，该组合就会出现实际亏损，虽然我们可以通过挪仓来解决问题，但频繁挪仓的弊端也会显现。

设想一下，我们向下挪仓，结果 50ETF 快速反弹至总成本之上，新构建的看涨期权还要重新挪仓，并且第二次挪仓会出现亏损。两次挪仓的总收益可能会小于不挪仓的总收益。

在这种情况下，稳健的策略会更加让人依赖。卖出实值看涨期权，可以收到更多的权利金，所以卖出实值看涨期权，会使总成本更低，给 50ETF 持仓本身带来更深的下行保护，最终使总组合的成本降得更低。

不过卖出实值看涨期权的坏处，在于当 50ETF 价格上涨时，锁定的利润太少，想快速向上移仓，又怕向上移仓后，50ETF 价格快速回落。

实值期权的问题，反过来就是虚值期权的问题。怎么解决这个问题呢？分散化。

既然实值和虚值都有好处和坏处，能不能把它们结合起来？如果有 2 万份 50ETF，构建持保看涨组合，1 万份卖出实值期权，1 万份卖出虚值期权。

我们分别对比用虚值、平值、实值期权构建的持保看涨策略的回测数据。在上一节中，我们已经回测了3月5日至4月2日的平值持保看涨策略。50ETF亏损770元，卖出、挪仓看涨期权盈利865元，总盈利95元，最后还收到一笔1074元的权利金。

再来看同期用2021年6月到期的虚值期权构建持保看涨组合的回测数据：卖出虚两档看涨期权构建组合，如表3-7。

表3-7　虚值期权构建持保看涨策略与挪仓数据

时间	50ETF价格	卖出看涨期权合约	卖开价格	买平价格
3月5日	3.678	C—3.9	0.1090	
3月8日	3.561	C—3.7	0.1237	0.0734
3月9日	3.505	C—3.7		
3月10日	3.523	C—3.7		
3月11日	3.614	C—3.8	0.1000	0.1290
3月12日	3.617	C—3.8		
3月15日	3.558	C—3.8		
3月16日	3.582	C—3.8		
3月17日	3.577	C—3.8		
3月18日	3.591	C—3.8		
3月19日	3.496	C—3.7	0.0684	0.0465
3月22日	3.523	C—3.7		
3月23日	3.504	C—3.7		
3月24日	3.454	C—3.7		
3月25日	3.452	C—3.7		
3月26日	3.514	C—3.7		
3月29日	3.521	C—3.7		
3月30日	3.561	C—3.8	0.0481	0.0724
3月31日	3.527	C—3.7	0.0620	0.0423
4月1日	3.567	C—3.8	0.0488	0.0727
4月2日	3.601	C—3.8		

3月5日至4月2日，50ETF亏损770元。卖出、挪仓看涨期权盈利749元，总亏损21元，最后还收到一笔488元的权利金。

再来看同期用2021年6月到期的实值期权构建持保看涨组合的回测数据：卖

出实两档看涨期权构建组合，如表3-8。

表3-8 实值期权构建持保看涨策略与挪仓数据

时间	50ETF价格	卖出看涨期权合约	卖开价格	买平价格
3月5日	3.678	C—3.5	0.2951	
3月8日	3.561	C—3.4	0.2646	0.2084
3月9日	3.505	C—3.3	0.2878	0.2296
3月10日	3.523	C—3.3		
3月11日	3.614	C—3.4	0.2823	0.3550
3月12日	3.617	C—3.4		
3月15日	3.558	C—3.4		
3月16日	3.582	C—3.4		
3月17日	3.577	C—3.4		
3月18日	3.591	C—3.4		
3月19日	3.496	C—3.3	0.2441	0.1853
3月22日	3.523	C—3.3		
3月23日	3.504	C—3.3		
3月24日	3.454	C—3.3		
3月25日	3.452	C—3.3		
3月26日	3.514	C—3.3		
3月29日	3.521	C—3.3		
3月30日	3.561	C—3.4	0.2088	0.2790
3月31日	3.527	C—3.3	0.2521	0.1871
4月1日	3.567	C—3.4	0.2147	0.2862
4月2日	3.601	C—3.4		

3月5日至4月2日，50ETF亏损770元。卖出、挪仓看涨期权盈利1042元，总盈利272元，最后还收到 笔2147元的权利金。

盈亏数据总结：

虚值持保看涨：亏损21元。

平值持保看涨：盈利95元。

实值持保看涨：盈利272元。

3月5日至4月2日，50ETF总体下跌，由此我们可以看出在下跌的背景下，用实值期权构建持保看涨比虚值期权亏损更少。如果将虚值与实值结合起来，平均盈利 125.5 元。以当前数据来看，虚值结合的情况好于平值期权。

用实值期权获取的利润最多，为什么不全部采用实值期权来构建持保看涨期权呢？因为我们给出的案例背景是标的下跌。实值期权的 Delta 值高于平值期权和虚值期权。所以标的下跌时，实值期权价格下跌的幅度，高于平值期权、虚值期权。我们做空期权，实值期权的盈利幅度最高。

那么反过来，如果标的价格上涨，实值期权价格上涨的幅度，高于平值期权、虚值期权。我们做空期权，实值期权的亏损反而最高。

当我们构建持保看涨组合时，根本不知道标的会上涨还是下跌，所以我们最好不要预先选择用实值期权还是虚值期权来构建，最好采用实值、虚值结合的方法，获取平均收益。

看小涨，可以买进标的，并卖出看涨期权，构成持保看涨策略。那么看小跌，能不能卖出标的，并卖出看跌期权，同样构成持保看跌策略呢？理论上可以，但实操最好不要。因为大部分指数类、个股类、商品类等标的，从非常长的时段来看，几乎都是向上的。所以买进标的，符合长期持有的条件。而卖空标的，并不具备长期持有的条件。

3.2.4　保持性对冲的意义不大

看小涨的持保看涨策略，买进标的，并卖出看涨期权。能不能反过来操作，买进标的后，买进看跌期权呢？又因为持保看涨策略并不适合看小跌，所以能不能使用卖出标的并买进看涨期权的方式看小跌呢？

买进看涨期权能保护什么？对冲式保护，当然是保护与看涨期权相反的持仓，即保护手中的空头头寸。

做空某一只股票或商品，向下的利润是有限的，最高潜在利润跌为 0。但向上涨的空间是无限大的，所以理论上风险无限，利润有限。为此就要对做空进行保护对冲。操作上，持有空头头寸的同时，买进看涨期权，它有一个专有的名字，称为"合成看跌期权"。为什么呢？因为它们的盈利曲线是一样的。

假设我们做空现价 40 元的股票 100 股，同时以 3 元的价格买进 A－C－40。它的盈利曲线如图 3-8。

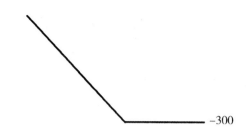

图 3-8 卖出标的并买进看涨期权组合的盈利曲线

假设股票价格下跌至 0 元，股票盈利（40－0）×100＝4000 元，A－C－40 无价值到期，亏损 300 元。总计盈利 3700 元，这是理论最高收益。

假设股票价格上涨至 100 元，股票平仓，亏损（40－100）×100＝－6000 元；同时 A－C－40 行权，以 40 元的价格买进股票 A，再以市价 100 元卖出，盈利（100－40）×100＝6000 元。A－C－40 权利金成本 300 元。总计亏损 300 元。

该组合最大盈利 3700 元，最大亏损 300 元。即最大盈利为组合的全部成本，最大亏损为买进看跌期权的权利金。

再看单独买进看跌期权的盈利曲线，以 3 元的价格买进 A－P－40，盈利曲线如图 3-9。

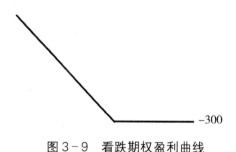

图 3-9 看跌期权盈利曲线

假设股票下跌至 0 元，A－P－40 行权，理论上以 0 元买进，以 40 元的价格卖出，扣除 300 元权利金，组合盈利 3700 元，这是理论最高收益。故图 3-9 与图 3-8 完全一样。

假设股票上涨至 100 元，A－P－40 无价值到期，丧失权利金 300 元，总计亏损 300 元。

从持有至到期来看，效果根本没有任何差别。所以以持有至到期为目的，做空标的加买进看涨期权的做法，与直接买进看涨期权的情况是一样的，根本不必费心交易两次，直接买看跌期权就好了，这也就是该策略被称为合成看跌期权的原因。同理，做多标的，并买进看跌期权，合成看涨期权。

我们在上一章说过，散户很少有持有到期的交易，都想在到期之前，赚一波不用太操心的利润，这也是套利、对冲组合的意义所在。

但保护性看涨期权的对冲方式，可能会让我们失望。因为这种组合想要有盈利，必须要一定幅度的"看大跌"才能实现，"看小跌"根本达不到目的。为什么小跌看不到盈利？因为买进看跌期权要支付一笔保证金，除非标的下跌的幅度能超过所支付的保证金幅度。

拿上例来看，股票 A40 元，要下跌至 37 元以后，才能产生盈利。反而是直接买进平值看跌期权更划算，只要下跌便有利润。

我们所举的例子中，权利金很便宜。2021 年 4 月 29 日豆粕 2109 收盘价 3613元，买进一张 M2109－C－3600 需要支付 1490 元。即豆粕 2109 跌破 3451 元时，下跌幅度超过 4.12％时才能有盈利。

所以想靠做空标的加买进看涨期权做对冲，盈利条件很苛刻。当然很多人想在下跌的过程中，赌一波反弹。其意为当标的下跌后，高位空单不平仓，此时认为标的价格会出现反弹，因此在低位买进看涨期权，反弹后将看涨期权平仓，获取短线利润。

如果目的明确，完全可以在交易体系内寻找反弹起点，并在反弹结束之前了结看涨期权，继续持有敞口空单。以看有一定幅度的下跌为目的构建组合，在期权到期之前，并且在看空目标价位达到时，先将标的平仓，看涨期权完全可以再持有一段时间。因为看涨期权无价值到期，是在计划中可承受的亏损，即便无价值到期，也在计划之内。若标的快速反弹，还可以再减少一些损失。

总之，在持空的过程中，抢反弹，可以买看涨期权，但话说回来，这样做的目的并不是对冲空头头寸，与对冲已经完全是两回事，是两个独立的交易行为。如果在做空之时，便想买进看涨期权作为保护，不如省点事，直接买进看跌期权。

3.2.5 合成跨式组合

持有空头头寸，保护性对冲买进看涨期权，所组成合成看跌期权策略，其盈利曲线一头向上翘，一头水平。只有当价格下跌时，才能盈利。价格上涨产生风险有限的亏损。那么一头盈利不如两头盈利。如果把盈利曲线变成图 3－10 这样，把水平的亏损 300 元抬起，岂不是更好？

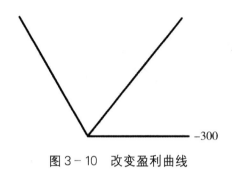

图 3－10　改变盈利曲线

我们都知道，有这样盈利曲线的套利组合是跨式期权。即同时买进同一行权价的看涨期权与看跌期权，这很容易。但我们现在面临的问题并不是它。

承接上一节，现在手中持有空头头寸，想要用买进看涨期权对冲，这种牌面怎么组合？我们说过，持有空头头寸加买进看涨期权，便合成了"看跌期权"，即相当于手中持有了一手看跌期权。裸持看跌期权多头，与跨式期权组合相比，还差什么？还差一张看涨期权。所以在现在牌面下，再买进一张看涨期权，便可以将组合变成跨式期权。

简单总结：

持有 1 张空头头寸，买进 1 张看涨期权。合成 1 张看跌期权。

持有 1 张空头头寸，买进 2 张看涨期权。合成 1 组跨式组合。

合成跨式组合其实也是一种静态的 Delta 等于 1 的中性策略。假设买进的 2 张看涨期权都是平值期权，每张期权的 Delta＝0.5，2 张期权的 Delta＝1。当 Delta＝1 时，标的波动 1 点，期权同向波动 1 点。恰好与标的空头头寸形成对冲。

普通跨式期权有两条腿，合成跨式组合有三条腿。所以在了结组合时，要比普通跨式期权更复杂。

在看待合成跨式组合时，有一个误区，我们很容易把 1 张空头头寸划为一组，把 2 张看涨期权划为一组。其实根据合成原理，1 张空头头寸与 1 张看涨期权为一组，1 张看涨期权为一组。所以按跨式组合了结交易时，应找对分组。

至于怎么了结，还是要看对于标的的具体分析。

跨式期权的目的是"看大涨""看大跌"，持有组合的时间或许会更久。当出现小额利润时，不随便了结。

如果是"看波动"，那么当标的上下窄幅运动时，可以随时提走小额利润。

情况1：标的下跌

假设标的下跌的幅度超过了2张看涨期权所支付的保证金，此时标的盈利已经覆盖了两张看涨期权的成本。此时了结空头头寸，继续持有2张看涨期权。相当于免费拿到了2张看涨期权，等待后市变化。

也可以在了结空头头寸时，顺便多了结1张看涨期权。即把合成跨式期权的一条腿（合成看跌期权）了结，只剩一条看涨期权腿。即使标的价格下跌，看涨期权价格也会下跌，但不会跌至0，所以平仓后，还可以带回一些资金。这样可以提取更多的小额盈利。当然也失去了1张看涨期权的潜在盈利能力。

总之在标的下跌后的盈利，能覆盖掉两张看涨期权的成本，怎么做都有道理。

情况2：标的上涨

假设标的上涨，空头头寸亏损，2张看涨期权盈利。此时要分为两组来看，即1张空头头寸＋1张看涨期权的合成看跌期权，与1张看涨期权。

当看涨期权盈利翻倍时，平掉1张看涨期权，此时相当于还留在手中的看涨期权成本为零。留下1张空头头寸＋1张看涨期权，也就是留下了合成看跌期权。这样就相当于免费持有1张看跌期权。

或者当标的上涨后，还想继续看空，原持仓全部不动，加空1张空头头寸。这样就变成了2张空头头寸、2张看涨期权。合成2张看跌期权。

当然如果认为情况不妙，还可以在这期权之上，再买进2张看涨期权，合成2组跨式组合。

为什么我们认为保护性对冲意义不大，但这里还要讲它呢？因为普通的跨式期权只有两条腿，或者说，牌面只有两张。如果用空头头寸＋看涨期权合成看跌期权，再加上看涨期权，合成跨式组合，牌面就有了3张。甚至我们可以将空头头寸＋看涨期权合成看跌期权，多头头寸＋看跌期权合成看涨期权，再组合形成跨式组合，牌面就有了4张。

组合的方式越多，玩法就越灵活。可以随便加入新牌，或者打出旧牌，来应对行情的变化。但不论怎么组合，最终是建立在对标的的分析基础之上。

3.2.6 比率持保看涨组合

上一节，我们使用 1 张空头头寸与 2 张平值看涨期权合成跨式组合。2 张平值看涨期权的 Delta 和为 1，与空头头寸本身的 Delta 值相当。在这个例子中我们涉及了 Delta 中性策略的概念。那我们要回过头再反思一下持保看涨组合：持保看涨是不是存在着漏洞？

持保看涨组合为：持有 1 张多头头寸，并卖出 1 张看涨期权。假设期权为平值，那么看涨期权的 Delta 为 0.5，与多头头寸的 Delta＝1 并不匹配。

即标的下跌，静态看待看涨期权给出的下行保护只有 50％，并且随着标的价格的下跌，看涨期权由平值变为虚值，Delta 值越来越小，理论上保护的力度也就越来越小。

我们能不能把原版的持保看涨组合调整成静态 Delta＝1 的中性策略呢？能。1 张平值看涨期权的 Delta＝0.5，卖出 2 张看涨期权 Delta＝1。所以"比率持保看涨组合"由 1 张多头头寸与卖出 2 张看涨期权构建成。

表 3－5 中，我们用 50ETF2006 期权做过原版的平值期权持保看涨数据回测，3 月 5 日至 4 月 2 日之间，50ETF 持仓亏损 770 元，卖出看涨期权并挪仓的收益为 865 元，总收益 95 元。现在我们用 Delta 中性的比率持保看涨再做一次回测。很简单，卖出看涨期权翻倍，把期权的盈亏直接乘以 2 即可。

即 3 月 5 日买进 1 万份 50ETF，再卖出 2 张 50ETF2106 的平值看涨期权，不断调整挪仓，至上文数据终点日期 4 月 5 日。

50ETF 本身亏损 770 元，做空看涨期权盈利 1730 元。表 3－5 的数据是标的下跌，盈利变多是理所应当。

我们再看表 3－6 中的数据，1 月 29 日买进 1 万份 50ETF，再卖出 2 张 50ETF2106 的看涨期权，不断调整挪仓，至上文数据终点日期 2 月 18 日。

50ETF 本身盈利 3030 元，做空看涨期权亏损 2420 元，由于尚未到期，最后一次挪仓还收到 4440 元的权利金。虽然做空看涨期权账面上是浮亏的，但通过不断调仓，直到最后的一笔权利金是稳稳拿到手的，可以覆盖前期做空看涨期权的亏损。

所有的上下挪仓操作与原版持保看涨组合完全相同，只是多卖了一手看涨期权。

持保看涨期权虽然看起来很舒服，但我们说过，这种情况基本只适用于根本不打算平掉手中多头头寸的情况下使用。在持有多头头寸的情况下，通过挪仓，卖出"永远"不会被行权的看涨期权来获得收益。这是一种漫长的、连续"在线"的操作模式。

不知道大家是否有这样的疑问，既然 50ETF 是欧式行权制，必须在到期日才能行权，为什么要频繁地挪仓呢？不能把间隔提升到两档或三档，为什么非要保持平值呢？

这是因为我们在给出回测数据的时候，一直在试图保持 Delta 中性，当然在原版中并不能体现中性。但为了比率持保看涨的叙述，保持平值挪仓就显得很有必要了。

在挪仓过程中，每次都保持平值，就是为最大限度确保 2 张看涨期权的 Delta =1，与手中多头头寸的 Delta 值相当。中性策略在标的出现波动时，相对于实值或虚值对冲，不会产生盈亏倾斜。

这是在持保看涨中，嵌套了中性策略，使之更加平稳。

3.3 比率垂直策略

普通持保看涨策略本身的 Delta 并不为 1，我们可使用比率持保看涨策略使组合的 Delta 等于 1，也就是说我们可以通过各种手段调节 Delta 的倾斜。既然可以把倾斜的 Delta 调成中性，那也就可以把中性的 Delta 调成倾斜。

3.3.1 一经构建不得撤销

我们重新审视垂直策略与持保看涨策略的不同。垂直策略即垂直价差策略，其实是持保看涨形式的一种变化。

持保看涨策略：持有标的多头头寸的同时，卖出看涨期权。

垂直价差策略：持有期权多头的同时，卖出看涨期权。

两者之间的差异，不过是或持有标的，或持有期权多头。所以基本上持保看涨的各种应用，也都可以用在垂直价差组合中。

比率持保看涨策略持有 1 份标的，可以卖出 2 份看涨期权。大部分时间在组合中期权空头的目的，并不是高位履约。以看涨为例，卖出看涨期权的目的是提供标的的下行保护。或在标的上行时，通过不断向上挪仓，来增加总体收入，且尽量做到"永不"履约。

如果是 1 对 1 的持保看涨，履约也没关系。毕竟赔得起（其实是赚）。但如果卖出 2 份看涨期权，对应 1 份标的，其中 1 份看涨期权的空头是没有备兑的，就有可能出现赔不起的情况。

所以本质上，比率持保看涨策略是持有至到期策略。因为如果标的上涨，看涨期权空头表现为账面亏损，不能随便了结。

同样的道理，我们能不能把比率放在垂直价差策略上呢？可以。就是在构建垂直价差组合的同时，多卖出 1 份看涨期权。

如图 3-6，图中 CF2109 看小涨。当日 CF2109 收盘 15325 元，买进 1 张近似平值期权 CF2109-C-15400，价格 766 元。同时卖出 2 张 CF2109-C-16800，价格 353 元。

如果价格下跌至 15400 元以下，3 张期权全部无价值到期，权利金差＝353×2－766＝－60 元，最终亏损 300 元（60×5）。

如果 CF2109 位于 15400 元至 16800 元之间，例如 16100 元。CF2109-C-15400 行权，15400 元买，16100 元卖，盈利 3500 元［（16100－15400）×5］。CF2109-C-16800 无价值到期权利金差－300 元（－60×5），总盈利 3195 元。

如果 CF2109 位于 16800 元上方，CF2109-C-15400 行权 1 张，CF2109-C-16800 履约 1 张，15400 元买，16800 元卖，盈利 7000 元［（16800－15400）×5］。另一张 CF2109-C-16800 也面临着履约，随着价格的上涨，它的亏损也会随之升高，直到履约成本超过所有盈利之后，该组合处于亏损状态。

所以持有比率垂直价差组合时，也要像持有比率持保看涨时一样，一旦有履约的风险，就立刻向上挪仓，其目的就是尽量做到"永不"履约。直到到期时，CF2109 上涨，赚看涨期权的钱。CF2109 下跌，总组合不亏大钱。只要挪仓及时，到期时就不会履约。

可见，采用这种方式，基本上不会出现重大亏损。那可不可以说持保看涨也能达到这种效果呢？不能。

比率垂直不会出现重大亏损，得益于组合中的买进腿（买进看涨期权）的特性是亏损有限，所以上方卖出 2 倍看涨期权后，权利金差接近正值，不论怎么跌，都不会产生重大亏损。

比率持保看涨达不到这种效果，是因为持有的是标的本身。标的下行风险是无限的（其实到 0 为止）。卖出 2 倍看涨期权也无法覆盖下行的总风险。

那以后只做比率垂直就好，是吗？可以放弃比率持保看涨了吧？可以，但是有代价。代价就是，同样一张看涨期权的盈利速度，赶不上相同数量标的的盈利速度。因为标的的 Delta 值为 1，平值看涨期权的 Delta 值只有 0.5。还有一个弊端：一旦构建了比率垂直组合，除非标的下跌，盘中了结可以盈利。如果标的上涨，盘中了结必然亏损。标的向上，1 张期权赚钱，2 张期权亏损，上涨过程中任何时候了结都以亏损靠终。只能熬到合约到期。

总结一下，比率垂直策略一经构建，无法撤销，而必须持有至到期日。这与我们后面要讲的蝶式组合的特性相同。

3.3.2　Delta 中性

比率垂直，比率为多少？可以是 1∶2，可以是 2∶3，也可以是 3∶5，等等。麦克米伦给出建议是不要超过 1∶4。那多少是好呢？有些人对不确定性天生排斥，他们内心非常想找到确定的比值，"随便"从来都不在选择范围内。

既然是一买一卖，我们能想到的确定性比值就是对冲，最简单的对冲是 Delta 对冲。买进 Delta＝1 的看涨期权，再卖出 Delta＝1 的看涨期权。不论上行，还是下行，盈亏都一致。

盈亏一致怎么赚钱呢？我们在前文说过，有些策略在盘中了结可以盈利，有些策略必须持有至到期才能盈利。比率垂直价差策略就是后者。所以盘中不论怎么盈亏一致都无所谓，到期算总账才是关键。

由于我们没有历史 Delta 数据，所以不能做历史回测，只能拿现在的数据来举例。

2021 年 4 月 29 日某时刻豆粕 2109 收盘价为 3590 元，欲构建比率垂直组合。首先要买进 X 张近似平值期权 M2109－C－3600，价格 138 元，X 待定。此时该期权的 Delta＝0.5089。

M2109－C－3600 为虚的时间价值为 138 元，2 倍时间价值为 276 元。预计 M2109 上涨至 276＋3600＝3876 元。卖出 Y 张 M2109－C－3950，价格 52 元，Y 待定。此时该期权的 Delta＝0.2108。

两者 Delta 比值是 0.5089/0.2108 约为 2.414∶1。

如果严格按照比率来构建比率垂直，合理的方式为买进 5 张 M2109－C－3600，卖出 12 张 M2109－C－3950。或买进 1 张 M2109－C－3600，卖出 3 张 M2109－C－3950，使 Delta 更贴近中性。

以 1∶3 为例，如果 M2109 在到期时，跌至 3600 元以下，则 3 张期权无价值到期。权利金差＝52×3－138＝18 元，总盈利 180 元。

如果 M2109 上涨至 3950 元以上。M2109－C－3600 行权 1 张，M2109－C－3950 履约 1 张。3600 元买，3950 元卖，盈利 3500 元，权利金差为 180 元，该部分总盈利 3680 元。还有 2 张期权空头面临履约，如果价格上涨超过 4134 元（3680/2/10＋3950），每超过 1 元，多亏损 20 元。所以 4134 元是该组合盈亏平衡点。

如果 M2109 上涨至 3600 元与 3950 元之间，3 张期权空头无价值到期，期权空头不必履约，权利金差为 180 元，这是确定的收入。不确定的收入期权多头的行权收入，假设 M2109 价格为 Z，那么行权收入为（Z－3600）×10 元。

M2109 不论下行至多少，都不必担心，因为必赚 235 元的权利金；M2109 上行至 3950 元时，我们都不必担心。虽然 M2109 期权为美式期权，期权多头随时可以行权，我们可以履约了结。当然，期权多头须在 M2109 达到 4134 元以上行权，才有利可图。但现价 3590 元与盈亏平衡点 4134 元相差 184 元，需要 M2109 上涨 4.66％才能达到。

那它能不能达到呢？我们不知道，但我们可以使用第二章所讲的概率计算器来计算概率，再计算整个组合的数学期望值，用数学手段来辅助我们进行决策。当然我们还可以用向上挪仓的方法来规避最终的亏损。

3.4 领圈和无成本领圈策略

持保看涨，也称为卖出备兑看涨期权。卖出的看涨期权，为手中的多头头寸提供了下行保护，若不挪仓的情况下，也全面锁住了最大盈利。那是否能像垂直价差组合一样在锁住了最高盈利的情况下，也公平地锁住最大亏损呢？

3.4.1 领圈

2021年4月29日，50ETF收盘价为3.513元。如果我们买进1万份50ETF，再卖出50ETF2105－C－3.6，可收到336元现金，即可为手中的50ETF提供0.0336元的下行保护，如果50ETF下跌至3.479元，手中的多头头寸也不会出现亏损。

但卖出看涨期权为多头头寸提供了下行保护的同时，也堵住了上行的空间。如果50ETF上涨至3.547元之上时，持保看涨组合达到最大盈利，即便50ETF继续上行，该组合的盈利也不会扩大了。

假设50ETF上涨至4元，卖出的看涨期权需要履约，3.513元买，3.6元卖，盈利870元，加上收到的权利金336元，最高盈利1206元。

持保看涨全面锁住了上行空间，却只提供了一部分下行保护，这并不公平。所以持保看涨也好，比率持保看涨也好，除非标的达到了我们预期的上涨位置，才会履约。否则，会想尽一切办法不去履约，也就是在标的上涨时不断地向上挪仓。

反过来，在卖出看涨期权不必履约的情况下，能不能想个办法，对持保看涨的组合提供一个无尽的下行保护，既全面锁住上行空间，也全面锁住下行风险？

办法有，再买进一个虚值的看跌期权，这种方法称为保护性领圈（protective collar），简称领圈（collar）。

对上例我们构建领圈组合：

1. 买进50ETF，收盘价3.513元。

2. 卖出50ETF2105－C－3.6，价格0.0336元。

3. 买进50ETF2105－P－3.4，价格0.0275元。

这是一组由三条腿构建的策略，有些复杂，我们需要把数据罗列一下：

50ETF价格为3.2元时，50ETF2105－P－3.4行权，将手中3.513元的50ETF以3.4元的价格卖出，亏损1130元；50ETF2105－C－3.6不履约；权利金差61元。总盈亏－1069元。

50ETF价格为3.3元时，50ETF2105－P－3.4行权，将手中3.513元的

50ETF 以 3.4 元的价格卖出，亏损 1130 元；50ETF2105－C－3.6 不履约；权利金差 61 元。总盈亏－1069 元。

50ETF 价格为 3.4 元时，50ETF2105－P－3.4 不行权；50ETF 本身亏损 1130 元；50ETF2105－C－3.6 不履约；权利金差 61 元。总盈亏－1069 元。

50ETF 价格为 3.5 元时，50ETF2105－P－3.4 不行权；50ETF 本身亏损 130 元；50ETF2105－C－3.6 不履约；权利金差 61 元。总盈亏－69 元。

50ETF 价格为 3.6 元时，50ETF2105－P－3.4 不行权；50ETF 本身盈利 870 元；50ETF2105－C－3.6 不履约；权利金差 61 元。总盈亏 931 元。

50ETF 价格为 3.7 元时，50ETF2105－P－3.4 不行权；50ETF2105－C－3.6 履约，将手中 3.513 元的 50ETF 以 3.6 元卖出，盈利 870 元；权利金差 61 元。总盈亏 931 元。

50ETF 价格为 3.8 元时，50ETF2105－P－3.4 不行权；50ETF2105－C－3.6 履约，将手中 3.513 元的 50ETF 以 3.6 元卖出，盈利 870 元；权利金差 61 元。总盈亏 931 元。

盈亏曲线如图 3－11。

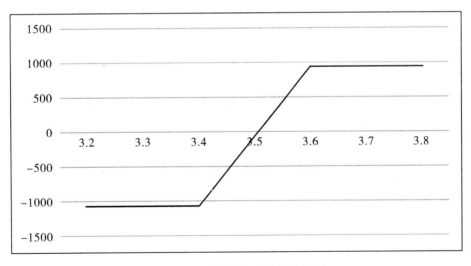

图 3－11 领圈策略盈亏曲线图

这条盈利曲线是不是很眼熟呢？我们见过，这就是垂直价差组合的盈利曲线。那领圈组合是不是就是垂直价差组合呢？

按上文中的操作序号来看：持有标的多头头寸 1，再买进看跌期权 3，我们前文讲过，这是合成看涨期权。再卖出看涨期权 2。买进低位看涨期权，卖出高位看涨期权，这就是正向牛市借方垂直价差组合，没有区别。这也是我们在本章第 2 小节的合成跨式组合中讲到的多牌面打法，只不过在这里，我们称之为领圈。

直接做垂直价差组合不好吗？为什么还要做领圈组合呢？因为正常情况下的领圈只是一个引子，要引出的是无成本领圈。

3.4.2　无成本领圈

持保看涨的目的是为了向多头头寸提供一部分的下行保护，无成本（收到权利金）。买看跌期权的目的是为了向多头头寸提供全部的下行保护，有成本（支出权利金）。

无成本领圈，就是通过买进看跌期权为多头头寸提供全部下行保护的同时，还不必自己花钱。钱谁来出？卖出看涨期权。

需要我们注意的是，领圈或无成本领圈策略，卖出看涨期权必须是虚值期权。这样才能在完全保护多头头寸下行的同时，还有利润空间。并且卖出期权的权利金，必须覆盖买进虚值看跌期权的权利金，才符合无成本的条件。

上例中权利金差为 61 元，大于 0，说明卖出期权收到的权利金，已经覆盖了买进期权的成本，符合无成本领圈的条件。从盈亏曲线图中可以看到，在不挪仓的情况下，盈利空间被锁定，同时亏损空间也被锁定。如果 50ETF 价格上涨，我们可以通过挪仓实现不履约的目的。如此，领圈策略让我们既能得到持保看涨策略的好处，又不必担心价格下跌幅度太大的风险。

麦克米伦给我们提供了一个案例，1999 年，思科股价 130 美元，CSCO－P－130 的价格，等于 CSCO－C－200 的价格。这是市场犯下的一个极大的定价错误。

假设我们当时可以构建无成本领圈策略：

1. 以 130 元的价格买进思科股票，这是全部成本。

2. 卖出 CSCO－C－200。

3. 买进 CSCO－P－130。

由于 CSCO－C－200 的价格和 CSCO－P－130 的价格相等，即权利金差为零，成本为零。

如果思科股票下跌，看涨期权无价值到期，看跌期权行权。130元买，130元卖，无风险。

如果思科股价上涨，以堵住上涨天花板的代价，来换取思科下跌不亏钱，完美的无风险套利。

无成本领圈存在于长期期权中，思科的案例就是3年后到期的期权，我国现在没有长期期权，所以还看不到无成本领圈的案例。

另外还有一种比例领圈组合，以上例为例。

1. 以3.513的价格买进50ETF。

2. 卖出50ETF2105－C－3.6，价格0.0336元，1张。

3. 卖出50ETF2105－C－3.6，价格0.0336元，1张。

4. 买进50ETF2105－P－3.4，价格0.0275元，1张。

比率组合即多卖出1倍的看涨期权，多收取一份收益。

期权交易一个重要的问题在于，它是不是可以随时了结。如果是领圈组合，它可以看成是一组持保看涨与一份看跌期权的组合，持保看涨策略若标的价格上涨必须到期才能了结，看跌期权可以随时了结。

但把持保看涨拆开后，多头头寸与看跌组合可以看成是合成看涨期权多头，再与看涨期权空头组合，形成垂直价差组合。既然是垂直价差组合，那就可以随时了结。

比率领圈组合，可拆解为领圈组合与看跌期权空头的组合，领圈组合可以随时了结，看跌期权空头可以随时了结，所以比率领圈组合可以随时了结。

如果想要随时了结，必须以拆解的方式，一组一组同时了结，才能称为随时了结。拆错了，那就可能走错了。若比率领圈组合拆解成一组持保看涨与一组垂直价差，垂直价差可以随时了结，但持保看涨必须到期了结。所以这种拆法就只能到期了结。

第四章

看不涨，看不跌

　　相比于看大涨、看大跌和看小涨、看小跌，看不涨和看不跌的方法最多。所谓看不涨有两层含义，即判断标的不会上涨，但不表示判断标的一定会下跌，它还可能横盘震荡。反过来，看不跌即判断标的不会下跌，但不表示判断标的一定会上涨，它还可能横盘震荡。所以千万不要把看不涨等同于看跌，把看不跌等同于看涨。

4.1　裸卖期权

　　裸卖期权，即在手中没有标的多单或期权多单的情况，持有敞口的期权空单。这种做法的风险极大，但并不表示不可控。卖出看涨期权，可以简单理解为不看好上涨，把上涨卖出去，原因是看不涨。卖出看跌期权，可以简单理解为不看好下跌，把下跌卖出去，原因是看不跌。下文中所有用看涨期权为例的案例，同样适用于看跌期权。

4.1.1　降低裸卖期权风险

　　保险的精髓在于收到的所有保费高于所有的赔付。卖出期权，就是为别人上一对一的保险。若要提高盈利准确率，只有一种方法，就是卖出极小概率甚至不会发生的事件的保险。

怎样卖出一份几乎不会触发事件发生的保险呢？这就要轮到统计学出场了。在正态分布下，68.3%的概率会覆盖1倍标准差数据，95.4%的概率会覆盖2倍标准差数据，99.7%的概率会覆盖3倍标准差数据。

反过来看，如果某些数据超过了3倍标准差，只有0.3%的概率，可谓小之又小。技术分析指标Boll，其底层逻辑就是统计学。

Boll中，上下轨为中轨的两倍的标准差，也就是通道内部可以覆盖95%的波动。超出通道的波动，是只有不到4.6%的小概率事件。并且这4.6%的概率是涵盖了向上突破和向下突破两种情况，价格在同一时间内仅会向一个方向突破，那么突破上轨或下跌的概率仅为2.3%。所以使用Boll，至少可以有两种方法：价格达到上下轨时平仓，或超出通道后反向建仓。

价格在一定时间内的波动标准差，就是历史波动率。或者可以简单理解为标准差即为历史波动率。如此便可以使用历史波动率来预估未来一段时间内，标的价格的波动幅度。如果存在超过3倍标准差以外的期权合约存在，裸卖该期权，给别人上一份大概率不会触发事件发生的保险，坐收权利金。

在谢尔登·纳坦恩伯格《期权波动率与定价：高级交易策略与技巧（第2版）》（机械工业出版社，2018年）中，给出了由已知波动率，计算未来一段时间价格波动范围的方法。

在该书第6章《波动率、波动率作为标准差》一节中举例，假设标的是一只当前价格为100元、波动率为20%的股票。为了确定1年的波动率，我们必须首先确定1年的远期价格，因为该价格代表分布的均值。

如何确定1年后股票远期价格？只能假设。假设利率为8%，此期间股票不派息，不波动。那么1年后股票至少能赚到无风险收益率的部分，即1年后股票价格为108元。

1倍标准差$20\% \times 108 = 21.6$元。1年后，68.3%概率股价在86.4元至129.6元之间波动。

2倍标准差$2 \times 20\% \times 108 = 43.2$元。1年后，95.4%概率股价在64.8元至151.2元之间波动。

3倍标准差$3 \times 20\% \times 108 = 64.8$元。1年后，99.7%概率股价在43.2元至172.8元之间波动。

问题来了，现有该股票行权价为 180 元的看涨期权，与行权价为 30 元的看跌期权，能不能裸卖开仓？

180 元与 30 元都落在 99.7％概率之外，即只有 0.3％的概率会触发。如此小概率的事件，完全可以尝试一下。

那么反过来想，在这一年期间内，如果有价格绝对值非常便宜的、行权价为 45 元的看涨期权，行权价为 170 元的看跌期权，能不能尝试买开建仓呢？43.2 元与 172.8 元相当于价格波动的 Boll 通道边界。

裸卖行权价在 3 倍标准差通道外的期权，赌它不会长期位于通道，即赌它不会发生小概率事件。裸买行权价在 3 倍标准差通道极限位置的期权，赌它不会超过边界，即赌它不会发生小概率事件。

裸卖虽然危险，但我们可以通过统计学，大幅降低风险。

4.1.2　计算波动率

如果用于计算的波动率是 20％，一段时间过后波动率变为 30％，波动率变大，意味着标准差变大，意味着 3 倍标准差覆盖下的价格波动范围变大，意味着原来计算看似不会触及的价格现在变成可触及，意味着裸卖原 99.7％以外的价格由安全变成了危险的，怎么办？

反过来想，波动率变大，标准差变大，理论波动范围变大；波动率变小，标准差变小，理论波动范围变小。

那我们只在波动率较大的时候采用谢尔登的方法，在波动率较小的时候不使用即可。这就是说，不要在波动率小的时候裸卖期权。

我们可以参考标的的历史波动率，假设它的历史波动率范围在 7％至 25％间波动。如果此时历史波动率为 23％，那么波动率再走高的概率就会变小了。

另外，我们很容易在一些软件中查到 30 天历史波动率、60 天历史波动率等。我们怎么计算一年时间的波动率呢？怎么用这些数据计算 X 天的波动率呢，例如 13 天历史波动率、55 天历史波动率？

谢尔登在书中给出公式：日波动率＝年波动率×$\sqrt{\dfrac{1}{256}}$

日波动率与年波动率的关键为负 1/2 次方的关系，一年约有 256 个交易日（其实不足 256 个交易日，但 256 的平方根是 16，为了方便计算，取 256 为近似值）。

已知 30 日波动率为 20%，求年波动率。我们把数据代入公式。

30 日波动率 20%＝年波动率 $\times \sqrt{\dfrac{30}{256}}$。

年波动率＝58.42%。

有了年波动率，我们就可以计算某合约距离到期日波动率。

例如沪深 300 指数 5 月期权的到期日为 2021 年 5 月 21 日，距离到期还有 12 个交易日。已知最近 30 个交易日的波动率为 9.94%，求 12 个交易日的波动率。

先求年波动率＝9.94%$\times \sqrt{\dfrac{30}{256}}$＝29.04%。

再求 12 日波动率＝29.04%$\times \sqrt{\dfrac{12}{256}}$＝6.287%。

沪深 300 指数当前价格为 5123.49 点，我们不知道 12 个交易日后沪深 300 指数的理论价格，只能拿当前价格代替，模糊计算。

3 倍标准差＝3×6.287%＝18.86%。

12 个交易日后，沪深 300 指数 99.7% 概率运行的上限为 5123.49×（1＋18.86%）＝6089.78 点，下限为 5123.49×（1－18.86%）＝4157.2 点。换句话说，在未来 12 个交易日中，沪深 300 指数有 0.15% 的概率上穿 6089.78 点，有 0.15% 的概率下破 4157.2 点，可谓极小概率事件。这 0.15% 是怎么来的呢？99.7% 的概率位于 4157.2 至 6089.78 之间，那么就有 0.3% 的概率位于 4157.2 至 6089.78 之外。价格同一时间只能选择一个方向，所以向任何一方的突破概率只有 0.15%。

可理论波动范围在 4157.2 点至 6089.78 点之间太大了，这对我们没有参考意义。当前沪深指数期权最低行权价为 4400 点，无法交易波动范围下限 4157 的看跌期权。再看上限 6089.78 的近期半值期权为 IO2105－C－6100，当前价格 1 元。以这么宽的范围裸卖期权不具备可操作性。

但我们可能会想，仅剩 12 个交易日，计算 3 倍标准差这种非常极端的事件没有意义。2 倍标准差足够了，那我们再计算一次。

2 倍标准差＝2×6.287%＝12.57%。

12 个交易日后，沪深 300 指数有 95.4% 概率运行于上限 5123.49×（1＋12.57%）＝5768 与下限 5123.49×（1－12.57%）＝4479 之间。换句话说，在未

来 12 个交易日中，沪深 300 指数有 2.3％的概率上破 5768 点，有 2.3％的概率下破 4479 点。

理论波动范围在 4479 点至 5768 点之间，IO2105－P－4500 是下限 4479 点的近似平值期权，当前报价 1.4 元。IO2105－C－5800 是上限 5768 点的近似平值期权，当前报价 2.4 元。

如果裸卖 IO2105－C－5800，一张可获得 240 元权利金。按 10％的保证金计算，成本约为 5.8 万元，收益率 0.41％。那么年化收益率＝（0.41％/12）×365＝12.47％，还算可以。

我们不禁又要问，两倍标准差情况下，向上或下突破的概率是 2.3％，已经非常小了。能不能把条件再放宽松一些？计算 1 倍标准差。

1 倍标准差＝6.287％。

12 个交易日后，沪深 300 指数价格 68.3％概率运行的上限为 5123.49×（1＋6.287％）＝5445.6 点，下限为 5123.49×（1－6.287％）＝4801 点。换句话说，在未来 12 个交易日中，沪深 300 指数有 15.85％的概率上破 5445 点，有 15.85％的概率下破 4801 点。

理论波动范围在 4801 点至 5445 点之间波动，IO2105－P－4800 是下限 4801 点的近似平值期权，当前报价 10.6 元。IO2105－C－5400 是上限 5445 点的近似平值期权，当前报价 14.2 元。

卖出看跌期权保证金按 10％计算，大约 4.81 万元，盈利 1060 元，收益率 2.2％，年化收益率约为 67.03％。卖出看涨期权保证金按 10％计算，大约 5.4 万元，盈利 1420 元，收益率 2.63％，年化收益率约为 79.98％。

如此之高的年化收益率，伴随的是每笔交易都有 15.85％的亏损概率。

从 3 倍标准差到 1 倍标准差，触发理论波动范围的概率越来越高，收益率也越来越高，风险也越来越高。

裸卖期权的本意是给别人上一份几乎不会触发事件发生的保险，坐收权利金。核心是小概率，如果采用 1 倍标准差来做交易计划，便违背了初心。

4.1.3 持保看涨二难

持保看涨的设计其实非常难，需要权衡的东西非常多。先了解两个问题：

第一，持保看涨。即买进标的后，再卖出虚值看涨期权。该标的原本为长期持有，例如养老金账户等。我们可以设想投资 ETF 长期持有。

如果 ETF 下跌，卖出 ETF 看涨期权的权利金全部盈利，弥补 ETF 下跌。ETF 上涨，卖出的看涨期权向更高的行权价虚值期权挪仓，最终保持期权空头不亏，坐享 ETF 上涨利润。ETF 虽然上涨，但未触发买方行权，也可坐收权利金。如此，则比单纯持有 ETF 获得更高的收益。

第二，保持 Delta 中性。平值期权 Delta 为 0.5。标的波动 1 点，期权波动 0.5 点。实值期权 Delta 在 0.5 至 1 之间，虚值期权 Delta 在 0 至 0.5 之间。

由于我们卖出的是虚值期权，所以标的波动 1 点，期权波动幅度小于 0.5 点。如果我们使用看涨期权空头来规避 ETF 的下跌，那么就不能 1∶1 操作。如果持有 1 万份 ETF 与 1 张 ETF 看涨期权空头的持保看涨组合，当 ETF 下跌 1 点，ETF 持仓亏损 1 点，而 ETF 期权空头的盈利小于 0.5 点，不能最大限度保护 ETF。要 1∶1 地复原波动，必须保持 Delta 中性，即持有标的 Delta 为 1，持有看涨期权空头的 Delta 之和必须为负 1。

为什么设计持保看涨很难呢？这是因为为了避免卖出的看涨期权不被触发行权，它的行权价就必须虚很深。但越是深虚期权，Delta 就越低。要保持 Delta 中性，就需要卖出更多看涨期权，那就需要非常多的保证金。

如果想尽可能持有较少的看涨期权空头，在 Delta 中性的情况下，行权价距离平值、实值非常近，又导致很容易被触发行权，那么就要再向上挪仓。如果不保持 Delta 中性，那就很随意了，但又无法复刻波动。

我们来举一个例子：50ETF 对标复刻上证 50 指数，300ETF 对标复刻沪深 300 指数。买进并持有（不加、减仓）对应的 ETF，理论上就能获得指数收益。我们在此之上，加入持保看涨期权策略，即持有 ETF 的同时，卖出虚值看涨期权。

策略设计如下：

1. 以当前位置买进 1 万份 ETF。

2. 以当前位置计算最近合约期权到期时的波动率。

3. 计算当前 ETF 价位，加 2 倍波动率的位置，卖出该位置的看涨期权。

4. Delta 中性。

5. 每周调整一次。每周末重新计算一次，如果 ETF 价位＋2 倍波动率的位置，低于我们已持有看涨期权空头的位置，则持仓不动；若高于，挪仓到新位置。

300ETF 3 月 18 日收盘 5.137 元。

年波动率＝23.37%。

300ETF2104 到期日 4 月 28 日，距离到期日还有 29 个交易日，波动率为 7.87%。

向上 2 倍波动率＝5.137×（1＋2×7.87%）＝5.946 元。

卖出上证 300ETF2104－C－6.000，Delta＝0.0382，卖出开仓，则 Delta＝－0.0382。

300ETF 的 Delta＝1。

若使 Delta 中性，则需要卖出 300ETF2104－C－6.000 共 26 张。

保证金＝[合约前结算价＋MAX（12%×合约标的前收盘价－认购期权虚值，

7%×合约标的前收盘价）]×合约单位；

＝[0.0055＋MAX（12%×5.096－（6－5.136），7%×5.096）]

×10000

＝[0.0055＋0.3567]×10000

＝3622（元）。

26 张看涨期权空头，总保证金 94172 元。

买进 1 万份 300ETF 需要 51370 元。但需要注意的是，买进 1 万份 ETF，再卖出 1 张看涨期权，这是备兑，所以这一张不需要交纳保证金。其他 25 张需要保证金 90550 元。共需要资金＝51370＋90550＝141920 元。再加点钱，就可以买 3 万份 300ETF 了。

若 ETF 上涨，3 万份 ETF 的利润肯定高于 1 万份。如果下跌，3 万份 ETF 的利润自然会低于 1 万份的。虽然下跌对我们有利，但这并不是我们想要的结果。我们不是盼望它下跌，只是想规避下跌。最终大幅度盈利，还是要靠上涨。所以这种做法选择的行权价是深虚，但占用了太多的资金，机会成本过高。

麦克米伦给过一个方法，即卖出平值期权的时间价值的两倍的虚值期权。但经过我们计算，又太容易触发行权。当前上证 300ETF 价格 5.137 元，近似平值期权为 C－5.250，价格＝0.0786 元。时间价值＝5.250－5.137＋0.0786＝0.1916 元，两倍时间价值＝0.1916×2＝0.383 元。

卖出行权价为 5.137＋0.383＝5.52 元的看涨期权，行权价相近的看涨期权为 C－5.500，价格 0.0296 元。上证 300ETF2104－C－5.500 的 Delta＝0.2308，保持 Delta 中性，需要卖出 4 张看涨期权，还可以接受。但我们担心的是，行权价为 5.500 元的看涨期权，是不是很容易被击穿。

刚刚计算过，未来 29 个交易日的波动率为 7.87％，则 ETF 向上 1 倍标准差＝5.137×（1＋7.87％）＝5.541 元。即 ETF 在未来 29 个交易日中，有 1/6 的概率向上突破 5.541 元。

再看我们卖出的看涨期权的行权价为 5.500，低于向上 1 倍标准差。即未来 29 个交易日内，有高于 16.67％（1/6）的概率被突破，我们需要进行挪仓操作。而之前我们演算过，当挪仓达到 2 次以上时，大概率会出现亏损，所以要珍惜挪仓的机会，不要轻易挪仓。

综上，持保看涨是个好主意，但设计起来非常困难。难点有二：

第一，是否要保持 Delta 中性；

第二，如何选择恰当的行权价，才可以折中机会成本和挪仓困境。

4.1.4　倒金字塔加码

我们所有的计算结果都是理论上的结果，真实交易中可能出现极端情况。所以即便是裸卖 2 倍标准差以外行权价的合约，也可能遭受亏损。有没有方法使得风险再下降一些，甚至说，有没有 100％盈利的裸卖策略？有，不过需要非常大的现金流。方法是倒金字塔加码。

例如赌大小，第一次押 500 元，输了；第二次押 1000 元，输了，第三次押 2000 元；输了，第四次押 4000 元……

当然这种倒金塔方法，在普通博弈中，没什么意思，即便最后赢了，也仅仅赢回最初的 500 元，而且面临着资金链断裂的风险。

但在裸卖期权中，因选择 2 倍标准差之外的合约交易，本身风险就已经下降非常多了，再加上期权到期之前，标的总有上涨的理论天花板，所以金字塔加码到时候无须加很多次，对资金的要求并不像普通博弈一样严苛。

举个例子：

2020 年 12 月 30 日 50ETF 标的收盘价 3.563 元，假设经过计算 50ETF2106－

C—3.7 位于 2 倍标准差之外，裸卖 50ETF2106—C—3.7。

交易过程如下：

1. 2020 年 12 月 30 日以 1594 元的价格卖出 2020 年 12 月 30 日 1 张。

2. 2021 年 1 月 6 日 50ETF 收盘价 3.726 元，已高于 50ETF2106—C—3.7 行权价 3.7 元，如果在 3.7 元以上到期，期权多头必然会行权，所以裸卖 50ETF2106—C—3.7 已不安全，要向上挪仓。

3. 2021 年 1 月 6 日，以 2399 元的价格买平 2021 年 1 月 6 日，亏损 805 元。

4. 2021 年 1 月 6 日，50ETF2106—C—3.8 收盘价 1935 元。裸卖 50ETF2106—C—3.8，收到的权利金弥补了 805 元亏损后，盈余 1130 元。

5. 2021 年 1 月 7 日，50ETF 收盘价 3.803 元，已高于 50ETF2106—C—3.8 行权价 3.8 元，如果在 3.8 元以上到期，期权多头必然会行权，所以裸卖 50ETF2106—C—3.8 已不安全，要向上挪仓。

6. 2021 年 1 月 7 日，以 2473 元的价格买平 50ETF2106—C—3.8，亏损 538 元。

7. 2021 年 1 月 7 日，50ETF2106—C—3.9 收盘价 2069 元。裸卖 50ETF2106—C—3.9，收到的权利金弥补了 805 元和 538 元的亏损后，余 726 元。但我们预期盈利是初次裸卖期权的全部权利金 1594 元，所以卖出 1 张 50ETF2106—C—3.9 已经不能达到我们的要求，必须加空 1 张 50ETF2106—C—3.9。此时收到权利金 4138 元，扣除前两次亏损后余 2795 元。

8. 2021 年 2 月 9 日，50ETF 收盘价 3.939 元，已高于 50ETF2106—C—3.9 行权价 3.9 元，如果在 3.9 元以上到期，期权多头必然会行权，所以裸卖 50ETF2106—C—3.9 已不安全，要向上挪仓。

9. 2021 年 2 月 9 日，以 2284 元的价格买平 50ETF2106—C—3.9 两张，亏损 430 元。

10. 2021 年 2 月 9 日，50ETF2106—C—4 收盘价 1825 元。裸卖 50ETF2106—C—4 两张，收到权利金 3650 元，减去 805 元、538 元和 430 元的亏损后，余 1877 元。

11. 2021 年 2 月 10 日，50ETF 收盘价 4.012 元，已高于 50ETF2106—C—4 行权价 4 元，如果在 4 元以上到期，期权多头必然会行权，所以裸卖 50ETF2106—

C—4 已不安全,要向上挪仓。

12. 2021 年 2 月 10 日,以 2220 元的价格买平 50ETF2106—C—4 两张,亏损 790 元。

13. 2021 年 2 月 10 日,50ETF2106—C—4.1 收盘价 1797 元。裸卖 50ETF2106—C—4.1 两张,收到权利金 3594 元,减去 805 元、538 元、430 元和 790 元的亏损后,余 1031 元。

至 2021 年 4 月 30 日,50ETF2106—C—4.1 收盘价 48 元,若当日平仓,盈利 983 元。

当然到 2021 年 4 月 30 日为止还没到期,我们可以选择继续持有 50ETF2106—C—4.1,也可以选择买平后,继续卖出更高位的看涨期权。

由于需要选取距离当前较近的数据作为案例,本例并不极端,倒金字塔加码只有一次,本来想用 1 倍的保证金赚取初始的 1594 元,但由于对标的方向判断错误,经历了 4 个月必须使用 2 倍的保证金才能赚取 983 元,持有至到期可赚取 1031 元。同样的时间,略少的收益,却需要更多的成本。所以初始裸卖期权时切忌重仓,要留足够的余地作抽身之用。

4.2 水平套利策略

我们学过垂直套利策略,是在同一到期日的期权内,同时(或不同时)买进不同行权价的看涨或看跌期权,达到套利的目的。由于行权价一高一低,所以称为垂直套利。水平套利是指,卖出同一行权价的近期看涨或看跌期权,同时买进同一行权价的远期看涨或看跌期权,达到套利的目的。由于行权价的价格相同,处于同一水平线上,所以称为水平套利策略。又因为卖出和买进的期权到期日不同,也被称为日历套利策略。下文中所有使用看涨期权所构建的策略,都适用于看跌期权。

4.2.1 水平套利策略的盈亏曲线

水平套利策略的构建方法如下:

卖出,近期合约,同一行权价,看涨期权(看跌期权)。

买进,近期合约,同一行权价,看涨期权(看跌期权)。

我们以看涨期权为例，2021 年 4 月 30 日沪深 300 指数收盘价 5123.49 点。假设我们认为沪深 300 指数在 5 月期权合约到期之前，将在 5123 点附近震荡，不会出现大涨大跌的情况，以此来构建水平套利策略。

卖出 IO2105－C－5100，价格 94.6 元。

买进 IO2106－C－5100，价格 140.2 元。

由于两个期权合约的到期日不一样，当 5 月合约到期时，6 月合约尚未到期。为了计算 5 月合约到期时（5 月 21 日）6 月合约的价格，我们需要使用期权计算器，以下 6 月合约结果，都是利用期权计算器计算得出的。

举个例子，若 5 月 21 日沪深 300 指数下跌至 4800 点，IO2105－C－5100 不必履约，坐收 9460 元权利金。同时，根据期权计算器（如图 4－1）计算 IO2106－C－5100 价格为 7.8 元，亏损 13240 元。两张期权合约共亏损 3780 元。期权计算器中：模型为欧式；年度波动率取计算时 IO2105－C－5100 的隐含波动率，可在看盘软件中直接读取；无风险利率为现行五年期国债利率；计算日为 IO2105－C－5100 到期日；到期日为 IO2106－C－5100 到期日。

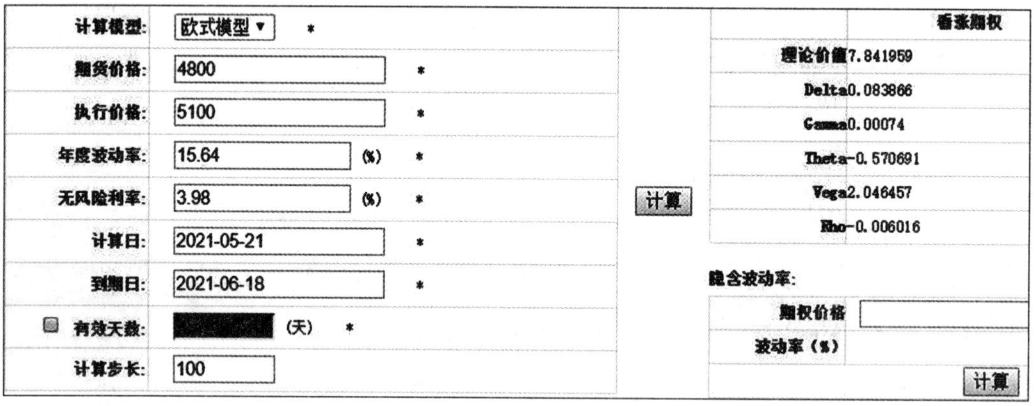

图 4－1　计算 IO2106－C－5100 价格

若 5 月 21 日沪深 300 指数上涨至 5300 点，IO2105－C－5100 履约，相当于 5300 点买，5100 点卖，亏损 20000 元，减去收到的权利金，期权空头亏损 10540 元。同时，根据期权计算器（如图 4－2），计算 IO2106－C－5100 价格为 222.4 元，盈利 8220 元。两张期权合约共亏损 2320 元。

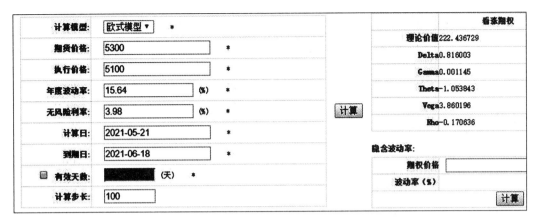

图 4-2 计算 IO2106-C-5100 价格

其他情况照此计算，我们选取了到期时的六种价格，盈亏情况如表 4-1，盈亏曲线如图 4-3。

表 4-1 六种价格盈亏表

标的价格	期权空头是否履约	期权空头盈亏	期权多头价格	期权多头盈亏	总盈亏
4800	不履约	9460	7.8	−13240	−3780
4900	不履约	9460	20.8	−11940	−2480
5000	不履约	9460	46	−9420	40
5100	不履约	9460	87.8	−5240	4220
5200	履约	−540	147.4	720	180
5300	履约	−10540	222.4	8220	−2320

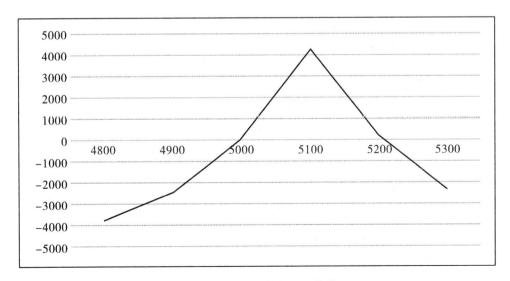

图 4-3 水平策略盈亏曲线

从以上数据可以看出，当标的价格围绕着我们构建组合策略的行权价附近波动时，水平策略盈利。当标的价格向两侧偏离，或上涨或下跌，盈利就会变小。当偏离到一定程度上，就会出现亏损。当标的价格等于构建策略组合的行权价时，水平策略盈利最高。也就是价格不动，盈利最高；价格略动，盈利变小；价格大动，出现亏损。所以水平策略是最标准看不涨、看不跌策略。

4.2.2 对冲 Theta

期权快到期时，因未来标的价格变化的可能性变小，所以时间价值越来越小。直至到期时，时间价值完全消失。很多人都喜欢卖出快到期的期权，稳收盈利。

卖出期权靠什么赚钱？靠的就是标的价格没有大幅波动下不断衰减的时间价值。时间是期权买方的敌人，时间过去一天，就少了一天的可能性。所以期权的价值随着时间的流逝，不断地衰减。

有什么衡量价值衰减的参数吗？有，Theta。图 4－4 是沪深 300 指数 5 月到期的看涨期权的 Theta 数据。Theta 永远为负值，代表着价值每天衰减的幅度。IO2105－C－5100 的 Theta 值为－1.9410，即代表着在其他因素没有变化的情况下，该合约价值当天衰减 1.941 点。

Theta	Gamma	Delta	虚实度	日增仓	涨幅%	理论价	真实杠杆率	溢价率	杠杆比率	看涨	〈行权价〉
0.0000	0.0000	0.0000	0.0000	0	0.00%	0.0	0.00	-29.74	0.00	C	3600
-0.2417	0.0000	0.9999	0.0000	-6	-2.94%	1435.5	3.74	-1.08	3.75	C	3700
-0.2507	0.0000	0.9998	0.0000	-6	-3.53%	1335.9	4.05	-1.17	4.05	C	3800
-0.2638	0.0000	0.9993	0.0000	2	-3.34%	1236.2	4.38	-1.04	4.38	C	3900
0.0000	0.0000	0.0000	0.0000	0	0.00%	0.0	0.00	-21.93	0.00	C	4000
-0.3211	0.0000	0.9954	0.0000	0	-2.05%	1037.4	5.07	-0.35	5.09	C	4100
-0.3813	0.0001	0.9907	0.0000	0	-7.22%	938.6	5.90	-1.22	5.95	C	4200
-0.4759	0.0001	0.9815	0.0000	0	-8.69%	840.6	6.64	-1.30	6.77	C	4300
-0.6132	0.0002	0.9659	0.0000	0	-5.79%	744.0	7.31	-0.91	7.57	C	4400
-0.6992	0.0002	0.9539	0.0000	0	-6.14%	696.5	7.77	-0.86	8.14	C	4450
-0.7963	0.0003	0.9413	0.0000	1	-8.52%	649.8	8.28	-0.81	8.80	C	4500
0.0000	0.0000	0.0000	0.0000	0	0.00%	0.0	0.00	-11.19	0.00	C	4550
-1.0192	0.0004	0.9049	0.0000	-4	-9.99%	559.0	9.46	-0.65	10.46	C	4600
-1.1407	0.0004	0.8831	0.0000	0	-8.78%	515.2	9.94	-0.36	11.26	C	4650
-1.2652	0.0005	0.8573	0.0000	-3	-9.54%	472.8	10.68	-0.24	12.45	C	4700
-1.3892	0.0006	0.8282	0.0000	4	-10.07%	431.9	11.48	-0.08	13.86	C	4750
-1.5089	0.0006	0.7960	0.0000	-32	-11.08%	392.6	12.40	0.11	15.57	C	4800
-1.6205	0.0007	0.7607	0.0000	-2	-9.85%	355.1	13.14	0.45	17.27	C	4850
-1.7203	0.0007	0.7229	0.0000	-19	-12.23%	319.6	14.41	0.65	19.94	C	4900
-1.8049	0.0008	0.6827	0.0000	20	-13.18%	286.1	15.61	0.99	22.87	C	4950
-1.8728	0.0008	0.6406	0.0000	34	-13.59%	254.7	16.87	1.39	26.33	C	5000
-1.9410	0.0009	0.5531	0.0000	11	-16.15%	198.6	20.21	2.28	36.54	C	5100
-1.9231	0.0009	0.4647	0.0000	361	-18.36%	151.4	23.90	3.44	51.44	C	5200

图 4－4 沪深 300 指数 5 月到期的看涨期权的 Theta 数据

Theta 值是固定衰减吗？并不是。

Theta 值的衰减速度越来越快，呈现指数形态。即离到期日越远的期权合约，Theta 绝对值越小，离到期日越近的期权合约，Theta 绝对值越大。如图 4-5。

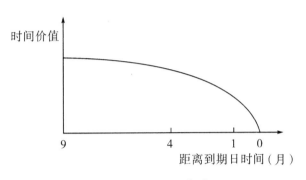

图 4-5　Theta 衰减

那么卖出近期期权合约的理论依据是什么？就是越是快到期的合约，价值衰减得越快，赚钱的效率越高。但不能只看到盈利，看不到亏损。卖出到期期权赚钱确实容易，但风险却是巨大的。在风险不可控的情况下，我们不能做裸卖期权的操作。如有必要，也必须给裸卖期权找一个对冲。

怎么对冲呢？垂直套利组合行吗？卖出虚值看涨期权后，买进平值（或实值）看涨期权是一种对冲，但这种方法适合利用 Theta 赚钱吗？

当然不是。如果用垂直套利对冲的话，是在同一合约内。Theta 值衰减的程度大致相当，失去了对冲 Theta 的意义。垂直套利组合对冲的是波动率，因在同一合约内，波动率大致相等。

我们现在对冲 Theta，应该怎么办？近期合约 Theta 绝对值大，远期合约 Theta 绝对值小。所以卖出近期合约，买进远期合约。

水平套利组合：

买进，远期，同一行权价，看涨期权，建仓。

卖出，近期，同一行权价，看涨期权，建仓。

近期合约的价值衰减得快，卖出，快快赚钱。

远期合约的价值衰减得慢，买进，慢慢赔钱。

快快赚钱，慢慢赔钱，形成对冲。水平套利虽然对冲了 Theta，但没有对冲价格波动，所以水平套利组合是依靠时间盈利，而不是依靠价格波动盈利。当价格向两个方向极端运行时，都会产生亏损。

水平套利与垂直套利不同，垂直套利同时到期，水平套利分别到期。垂直套利履约或行权，都可根据需要同时进行。但水平套利两条腿的到期时间不同，卖出腿先到期，而买进腿又不能同时行权（除非美式），这是操作上麻烦的问题之一。

如果到期时，标的价格在构建组合的行权价附近，近期期权空头无价值到期，坐收权利金。同时远期期权多头亏损，因为它的 Theta 衰减幅度小，期权多头的亏损小于期权空头的盈利，总体有盈利。

水平套利是一种盈利有限、亏损无限的策略，是一种最高风险几乎永远大于最高收益的策略，股价一旦剧烈波动，便会出现亏损。

4.2.3　水平套利前的计算

水平套利几乎是一种最高风险永远大于最高收益的策略，只要标的价格大幅波动，便会产生亏损。那还有没有使用的必要？

有！为什么？

因为选择水平套利的理论基础是 Theta 值的快速衰减，谁的价值衰减得最快？当然是越临近到期的合约衰减得越快。所以水平套利的卖出腿，必然要选择近期合约。而最近合约又由于马上到期，它的波动率会变得越来越小，理论波动幅度受限。

举个例子：2021 年 4 月 30 日，沪深 300 指数收盘价 5123.49 点，最接近平值期权 IO2105－C－5100 当前价格 94.6 元。

沪深 300 指数的 60 天历史波动率为 22.96%。IO2105－C－5100 距离到期日还有 12 个交易日。

公式：

$$日波动率＝年波动率×\sqrt{\frac{1}{256}}。$$

$$60 日波动率＝年波动率×\sqrt{\frac{60}{256}}。$$

代入数据：

$22.96\% =$ 年波动率 $\times \sqrt{\dfrac{60}{256}}$。

年波动率 $=47.43\%$。

12 日波动率 $=$ 年波动率 $\times \sqrt{\dfrac{12}{256}}$。

代入数据：

12 日波动率 $=47.43\% \times \sqrt{\dfrac{12}{256}}$。

12 日波动率 $=10.27\%$。

那么 12 天之内理论最大波动为 $\pm 10.27\%$。如果按 2 倍标准差来计算：

2.3% 的概率上穿 $5123.49 \times （1+10.27\%） \approx 5649$。

2.3% 的概率下破 $5123.49 \times （1-10.27\%） \approx 4597$。

假设我们现在按上限构建水平套利组合：

卖出 IO2105－C－5600，4.4 元。

买进 IO2106－C－5600，23 元。

到期时如果沪深 300 指数分别在 5649 点以上或 4597 点以下时，盈亏情况如何？

情况一：沪深 300 指数到期时为 5660 点。IO2105－C－5600 履约，以 5660 点的价格买进，以 5600 点的价格卖出，亏损 6000 元，减去收到的 440 元权利金，共亏损 5560 元。IO2106－C－5600 的价格由 23 元上涨至约 154.4 元，如图 4－6，盈利 13140 元。两张期权盈利共 7580 元。

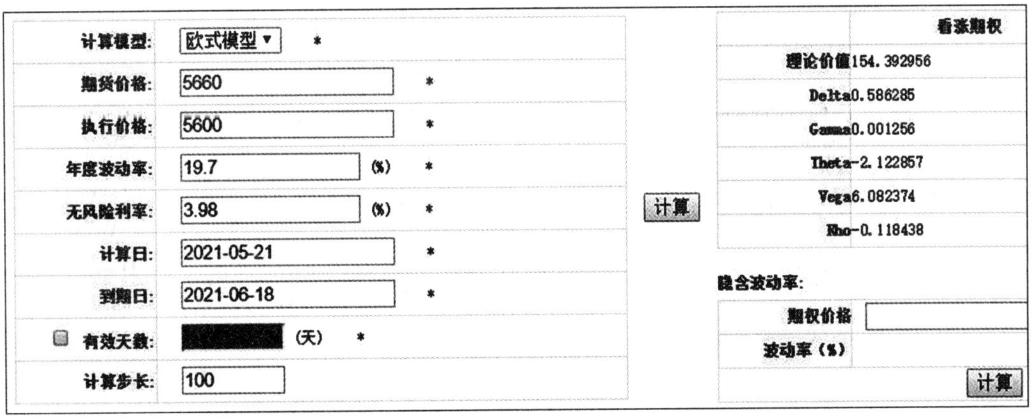

图 4－6　计算 IO2106－C－5600 价格

情况二：沪深 300 指数到期时为 4587 点。IO2105－C－5600 无价值到期，盈利 440 元。IO2106－C－5600 的价格由 23 元下跌至将近 0 元，如图 4－7，亏损 2300 元。两张期权共亏损 1860 元。

			看涨期权	看跌期权
计算模型：	欧式模型 ▾	*	理论价值 0.107302	0.342942
期货价格：	2.502	*	Delta 0.342298	-0.607863
执行价格：	2.75	*	Gamma 0.692303	0.692303
年度波动率：	18.76	(%) *	Theta -0.000196	-0.000169
无风险利率：	4.27	(%) *	Vega 0.009734	0.009734
计算日：	2020-04-13	*	Rho -0.001285	-0.004106
到期日：	2021-06-24	*		
☐ 有效天数：		(天) *	隐含波动率：	
计算步长：	100		期权价格	
			波动率 (%)	

图 4－7　计算 IO2106－C－5600 价格

根据 12 个交易日内 2 倍标准差的理论最高波动幅度来计算，即便达到了理论极值，也是一方面盈利，一方面亏损（尽管亏损有限）。如果一切都符合理论状态，不发生超过理论极值的剧烈波动的话，这是一个相对稳健的套利策略。

根据水平套利的盈利曲线也可推断出，如果 50ETF 离两个极值越远，离中心位置越近，盈利的幅度越高。距离到期日越近，标的波动幅度的理论极值范围越小。如果理论上波动幅度不会超过水平组合的盈亏平衡点，则该组合在理论上是 100％盈利的。

由此可见，在做水平套利之前，最好先进行计算，将风险限制在可控范围之内。不过，一个品种一个月只有一次水平套利的交易机会，且盈利幅度较小，资金占用率较高，因此，它可以作为辅助策略，而非主策略进行交易。

4.2.4　水平套利赌波动率下降

采用平值来构建水平套利，卖出腿容易被指派履约。而我们为了避免被指派履约，可以卖出微虚值期权来构建水平套利组合。例如在上节中，卖出只有 2.3％概率会发生的深度虚值期权。不过虚值的程度越深，潜在最高盈利就越低，反过来安全性也越高。

水平套利的两条腿，总是有一条先到期。所以我们可以把买进腿放远一些，可以在卖出腿到期之后，随时构建另一组水平套利组合。

我们在上文中给的案例是：

卖出 IO2105－C－5600，4.4 元。

买进 IO2106－C－5600，23 元。

将买进 IO2106－C－5600，替换为 IO2107－C－5600。新的水平套利组合如下：

卖出 IO2105－C－5600，4.4 元。

买进 IO2107－C－5600，40.2 元。

2105 合约到期之后，不用立刻平掉 2107 合约，而是直接再卖出 IO2106－C－5600，形成新的组合。

这样做的好处在于可以少交易一次，节约交易成本。坏处在于水平价差套利在于看窄幅震荡，5 月合约了结之后，直接卖出 6 月合约，时间跨度拉长。而长达两个月的看窄幅震荡并不容易实现，所以在理论上虽然方便，但在实际操作中，操作性并不高。此外，构建水平套利组合的卖出腿选择的条件是临近到期，而不是还要很久到期。若构建时间跨度较长的水平套利策略，便失去了构建水平套利的意义。所以这种方法还是不用为好。

水平套利的目的是看窄幅震荡，即预判市场参与者认为未来价格的波动不会过大，即赌波动率降低，或者说赌临近合约在到期之前波动率会降低。

如果非常笃定波动率降低的话，水平套利组合并不是最优选择。原因在于水平套利组合中的一条腿为期权多头，波动率下降，期权价格下跌，会对期权多单造成影响。最优选择为反跨式套利。即卖出同一行权价的看涨期权，同时，又卖出同一行权价的看跌期权。

例如，卖出 IO2105－C－5600，同时卖出 IO2105－P－4600。关于反跨式组合，我们会在后文详细论述。

若在到期之前，沪深 300 指数一直在 4600 点至 5600 点之间震荡，则两张合约都不必履约，到期时坐收两份权利金。但若沪深 300 指数向两侧极端偏离，低于 4600 点或高于 5600 点以外，则组合的一条腿就必须履约或认亏平仓。组合整体是否能盈利，就要看一方的盈利是否能覆盖掉一方的亏损。

标的波动的范围是有限的，而波动范围的两侧是无限的。所以反跨式套利，也是收益有限风险无限的策略组合。要不要这么做呢？还是回到初衷。

既然我们判断波动率会下跌，也就是判断标的不会出现较大的波动，判断它会在某个范围之间震荡。我们都知道，波动率越高，期权定价越高。反之，波动率越低，期权定价越低。标的在震荡区间内震荡时，波动率下降，期权定价走低。反跨式套利两个合约都是期权卖方，期权定价走低，两条腿都盈利。所以反跨式套利是赌波动率下跌最激进、盈利最高的策略。

水平套利组合最重要的一条腿是卖出期权，为什么卖出期权？因为预计临近到期时波动率会变小，卖出的期权大概率无价值到期，其实质赌的还是预期波动率降低之后，期权定价走低，从而做空期权来获利。

但裸卖不安全，所以才加了另一条腿，买进远期看涨期权来对冲卖出的看涨期权，这本质上是一个再保险的过程。即卖出期权，是给他人上保险。但这份保险的风险可能会很大，所以我们要为已经卖出的保险，再上一份保险，即再买一份同向期权。水平套利组合，对于赌波动率下跌的意义比较弱。反而是反跨式套利，对于赌波动率下跌意义最强。

想想看，仅卖出看涨期权，只是看不涨；仅卖出看跌期权，只是看不跌。反跨式期权两方面都卖出，既看不涨又看不跌，也不是看不动。

以风险为重，还是用水平套利赌波动率下行。

以收益为重，可以使用反跨式套利。

4.2.5 比率水平策略

比率可以用在持保看涨策略中，可以用在垂直套利组合中，是否也能用在水平套利组合中呢？

出于安全考虑，水平套利组合的卖出腿行权价最好是虚值期权，可以降低被指派履约的风险。

例如沪深 300 指数 2021 年 4 月 30 日收于 5123.49 点，构建正常的水平价差组合为：卖出 IO2105－C－5100，同时买进 IO2106－C－5200。但以平值期权来构建组合，卖出腿极有可能会被指派行权，所以我们以虚两档的情况来构建组合：

卖出 IO2105－C－5300，同时买进 IO2106－C－5300。虚几档的问题，我们可

以采用计算历史波动率法，即卖出 2 倍标准差之外的虚值期权来构建水平组合，也可以采用麦克米伦的 2 倍平值期权时间价值为目标行权价的方法。波动率法我们已经在前面使用过，本节我们使用 2 倍时间价值法。

如果我们认为沪深 300 指数在窄幅震荡的基础上或许有小幅上涨的可能，我们就把构建水平套利组合的行权价向上移，问题是移多少。

借用垂直价差组合的预估标的上涨幅度的方法。沪深 300 指数平值看涨期权 IO2105－C－5100＝94.6 点。

时间价值＝权利金－内在价值＝94.6－（5123.49－5100）＝71.11 点，2 倍时间价值＝71.11×2＝142.22 点。

即预估沪深 300 指数上涨至 5123.49＋142.22＝5265.71 点。

所以构建水平价差如下：

卖出 IO2105－C－5300，价格 27.4 元。

买进 IO2106－C－5300，价格 69.6 元。

权利金差为－42.2 元。

如果权利金差为正值，相当于我们让别人为我们出钱，让我们买 1 张看涨期权。如果水平套利组合在近期合约能在不需要履约的情况下到期，我们手中就免费多了 1 张看涨期权。

这笔钱从何而来，从卖出看涨期权上来。现在卖出 1 张 IO2105－C－5300 可收到 2740 元的保证金，如果覆盖买进 IO2106－C－5300 的成本 6960 元，需要我们再卖出 2 张 IO2105－C－5300，3 张期权空单共可收权利金 8220 元，不仅覆盖了期权多单的成本，还有盈余。

如果 5 月合约到期时，沪深 300 指数下跌至 0 元，4 张期权都会无价值到期，我们还能坐收权利金差 1260 元。

如果 5 月合约到期时，沪深 300 指数，1 张期权多头头寸赚钱，3 张期权空头头寸亏损。那么，此时要注意的是，绝不能让卖出腿期权空单履约。

所以即便卖出腿 IO2106－C－5300 出现了履约危机，也不要硬扛，而要向上挪仓。不要担心挪仓过程中会出现亏损。因为即使卖出期权履约，卖开期权收到的权利金的次数，总是比买平期权付出的权利金次数多一次。多出来的这一次，大致可以弥补其余两单期权空单的亏损，或使亏损降低。

要明确三点：

第一，比率水平价差组合也好，比率垂直价差组合也罢，卖出腿的目的，就是无成本或降低成本拥有买进腿。

第二，选择构建比率价差组合时，一定要采用虚值期权，我们要留出标的上涨或下跌的余地，尽量不挪仓，一步到位。所以我们选择使用时间价值的两倍来预估标的上涨幅度，我们甚至可以在此基础上，再加上一些余地。给期权空单留出足够的安全空间。

第三，所有比率价差组合，如果计算够仔细，都可以达到堵住一边亏损的效果，即通过给别人上保险的费用，达到给自己买保险的目的。一旦标的朝着对我们不利的方向运行时，少量期权多单盈利，大量期权空单亏损。想要保本甚至盈利需要挪仓，从而无法在盘中了结组合。几乎所有比率价差组合，都是采用持有至到期策略。

4.2.6 反向水平

水平价差组合，是在同一行权价中，卖出近期看涨期权或看跌期权，买进远期看涨期权或看跌期权构建而成，适合看震荡。部分对冲了波动率和 Theta，即近期看涨期权到期时无价值到期，坐收全部权利金。同时因远期 Theta 衰减幅度相对较小，期权价值衰减较慢。形成了卖出腿快快赚钱，买进腿慢慢亏钱，从而赚取权利金差。

构建水平价差需要向外支付权利金，所以也称为借方水平价差，或正向水平价差、正向跨期价差等。反过来，在同一行权价，买进近期看涨期权，卖出远期看涨期权所构建的水平价差组合，即为贷方水平价差组合，或反向水平价差组合、反向跨期价差组合等。

2021 年 4 月 30 日，沪深 300 指数收于 5123.49 点，以平值期权构建反向水平价差组合。买进 IO2105－C－5100，价格 94.6 元；同时卖出 IO2106－C－5100，价格 140.2 元。

正向水平价差组合的盈利曲线如图 4-8，反向水平价差组合的盈利曲线则与之相反，如图 4-9。

图 4-8 正向水平价差组合盈利曲线图

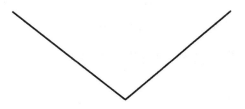

图 4-9 反向水平价差组合盈利曲线图

正向水平价差，在近期合约到期时标的没有波动，为最大潜在盈利。反向水平价差，则是在近期合约到期时，向两侧波动越大，潜在盈利越大。如上例，如果沪深 300 指数到期时，恰好还是 5123.49 点，则 IO2105－C－5100 行权，5100 点买，5123.49 点卖，盈利 2349 元，减去付出的权利金 9460 元，亏损 7111 元。同时 IO2106－C－5100 由 140.2 元下跌至 101.2 元，如图 4-10，亏损 3900 元。总亏损 11011 元。

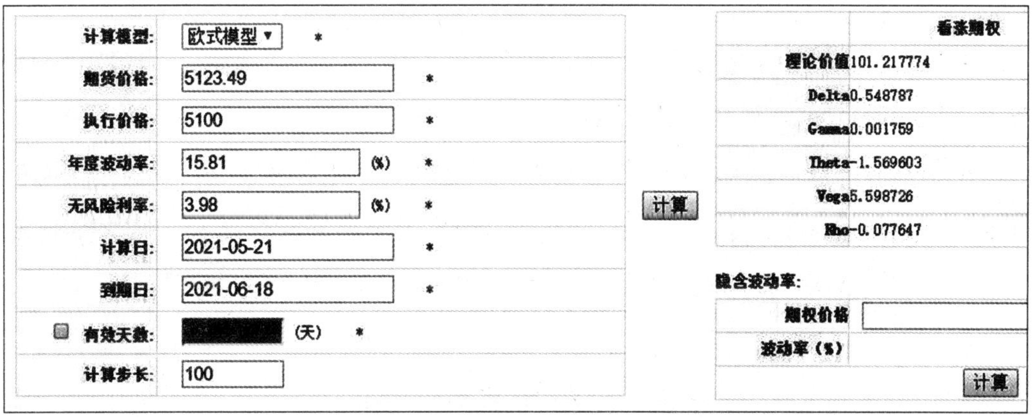

计算模型：	欧式模型 ▾	*		看涨期权
期货价格：	5123.49	*		理论价值 101.217774
执行价格：	5100	*		Delta 0.548787
年度波动率：	15.81	(%) *		Gamma 0.001759
无风险利率：	3.98	(%) *		Theta-1.569603
计算日：	2021-05-21	*	计算	Vega 5.598726
到期日：	2021-06-18	*		Rho-0.077647
有效天数：	▨	(天) *		隐含波动率：
计算步长：	100			期权价格 ▭ 波动率（%） 计算

图 4-10 计算 IO2106－C－5100 价格

原因在于近期看涨期权的时间价值衰减的速度，快于远期看涨期权的时间衰减速度。所以造成了快快亏钱、慢慢赚钱的情况。

在本例和上文中，我们都是按照当前看盘软件中读取到的隐含波动率填入数据计算。如本例的隐含波动率为 15.81％。随着时间流逝、价格变动，波动率会发生变化。我们都知道，波动率越高，期权定价越高；反之，波动率越低，期权定价越低。

所以在近期合约到期时，还要看远期合约的隐含波动率情况。分两种情况讨论：隐含波动率变大，说明标的本身的波动也加大，会减少水平价差组合的整体收益。隐含波动率变小，组合中期权多单的损失就会加大，也会影响水平价差组合的整体收益。

假设近月到期时沪深 300 指数下跌至 4600 点，则 IO2105－C－5100 无价值到期，损失 9460 元权利金。IO2106－C－5100 由 140.2 元下跌至几乎为 0 元，理论上盈利 14020 元。总盈利 4560 元。

假设近月到期时沪深 300 指数上涨至 5600 点，则 IO2105－C－5100 行权，5100 点买进，5600 点卖出，盈利 50000 元，减去权利金 9460 元，盈利 40540 元。IO2106－C－5100 由 140.2 元上涨至 499.8 元，亏损 35960 元，总盈利 14040 元。

由于构建（正反）水平价差组合时为同一行权价，即不论向上还是向下波动，一条腿只要涉及行权或是履约，都被另一条腿对冲掉了。即同一行权价构建组合，没有价差盈利（参考垂直价差组合，存在价差，所以垂直价差赚的是标的波动的钱）。

如果正向水平价差组合是看震荡，那么反向价差组合是看大涨、看大跌，不论哪个方向出现巨幅震荡，都可以盈利。

但既然看大涨、看大跌，不如直接买进看涨期权或看跌期权、（宽）跨式期权组合，资金使用率小。水平价差组合由于有期权空单，需要缴纳一定比例的保证金，资金占用过多，效率太低，得不偿失。所以我们并不推荐反向水平价差组合。

4.3 对角套利策略

同一到期日期权合约中，选择不同行权价，可构建垂直价差组合。不同到期日期权合约中，选择相同行权价，可构建水平价差组合。垂直价差组合靠价差盈利、水平价差组合靠时间盈利。有没有一种方法能兼容两种组合的优点呢？有，这就是对角套利策略。以下所有用看涨期权所举案例，皆适用于看跌期权。

4.3.1 对角套利策略的盈亏曲线

用看涨期权构建正向垂直价差组合如下：

买进，同一到期日，低行权价，看涨期权；

卖出，同一到期日，高行权价，看涨期权。

用看涨期权构建正向水平价差组合如下：

卖出，近月，同一行权价，看涨期权；

买进，远月，同一行权价，看涨期权。

垂直价差组合对冲了部分波动率，水平价差组合对冲了部分波动率和部分Theta。垂直价差组合赚的是标的价格波动的钱，水平价差组合赚的是 Theta 值变化时，两份期权价值不同程度衰减的权利金差。

如果我们将两者结合起来，垂直价差组合不仅能赚到价格波动的钱，也能像水平价差组合一样使其中一条腿的价值衰减更慢一些。水平价差组合也不局限于标的震荡时才能盈利的情况。

将水平价差组合与垂直价差组合结合，即为对角价差组合，即：

买进，远月，低行权价，看涨期权；

卖出，近月，高行权价，看涨期权。

例如：2020 年 4 月 30 日沪深 300 指数收在 5123.49 点，我们尝试着构建一组对角套利组合。卖出 IO2105－C－5300，价格 27.4 元；买进 IO2106－C－5100，价格 140.2 元。近月到期时，根据期权计算器计算出远月期权价格，盈亏数据如表4－2，盈亏曲线图如图 4－11。

表4－2 对角套利组合盈亏数据

标的价格	期权空头是否履约	期权空头盈亏	期权多头价格	期权多头盈亏	总盈亏
4800	不履约	2740	7.8	－13240	－10500
4900	不履约	2740	20.8	－11940	－9200
5000	不履约	2740	46	－9420	－6680

续表

标的价格	期权空头是否履约	期权空头盈亏	期权多头价格	期权多头盈亏	总盈亏
5100	不履约	2740	87.8	−5240	−2500
5200	不履约	2740	147.4	720	3460
5300	不履约	2740	222.4	8220	10960
5400	履约	−7260	309	16880	9620
5500	履约	−17260	402.6	26240	8980
5600	履约	−27260	499.8	35960	8700
5700	履约	−37260	598.6	45840	8580

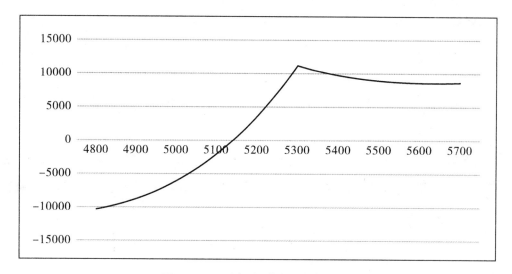

图4-11　对角套利组合盈亏曲线

　　水平套利组合的盈亏曲线是一个倒V形，标的价格偏离价格较大的情况下，不论上涨还是下跌，组合亏损的幅度大致相当。但以看涨期权构建对角套利组合，只有当标的价格大幅下跌的时候才会亏损，当标的价格大幅上涨时，虽然组合盈亏会变小，但基本上不会出现亏损。

　　对角套利组合是垂直套利组合和水平套利组合的综合，我们仔细看图4-11可以发现，对角策略盈亏曲线就是垂直策略盈亏曲线和水平策略盈亏曲线的结合。

4.3.2 对角策略与水平策略、垂直策略的对比

1. 对角策略与水平策略

图4-12为沪深300指数的日线走势图，我们在图中箭头所指的日期2021年3月25日构建水平套利组合和对角套利组合，当日沪深300指数收于4926.35点。

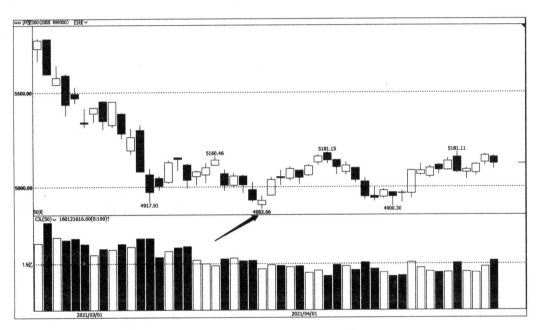

图4-12 沪深300指数日线走势图

构建水平套利组合：

买进IO2109-C-4900，价格227元。

卖出IO2106-C-4900，价格175.4元。

构建对角套利组合：

买进IO2109-C-4900，价格227元。

卖出IO2106-C-5100，价格105.9元。

盈亏情况见表4-3（以下所有数据，都是根据真实数据回测）。

表4-3　水平策略与对角策略盈亏数据

时间	IO2109-C-4900	IO2106-C-4900	IO2106-C-5100	水平盈亏	对角盈亏
3月25日	227	175.4	105.8	0	0
3月26日	270.2	222	137.6	-340	1140
3月29日	264.8	219.8	134	-660	960
3月30日	283.6	238	146	-600	1640
3月31日	263.2	212	127	-40	1500
4月1日	302.2	255	157.8	-440	2320
4月2日	321.4	280	175.2	-1020	2500
4月6日	309.8	261.6	158.2	-340	3040

从数据对比来看，水平策略从建仓之日起，便处于亏损状态中，而对角策略一路盈利。之所以会出现这种情况，是因为沪深300指数从我们构建策略组合那天起，就一直处于震荡上涨状态中。

水平策略对于盈利要求比较严格，一旦标的出现幅度较大的波动，便会出现亏损。而对角策略不但从时间上进行了套利，还从价差上进行了套利。所以对角策略会对标出现倾向一侧的波动，给出适当的容忍性。即对角策略对水平组合来说，它基本上堵住了另一侧的亏损。

行情有三种情形，即上涨、下跌、横盘，水平策略只适用于横盘，也就是它只适合于1/3的场景。用看涨期权构建的对角策略，却适用于上涨和震荡两种场景，占全部场景的2/3。所以对角更适合于带有倾向性震荡的行情，即用看涨期权构建对角策略适合震荡上涨行情，用看跌期权构建对角策略适合震荡下跌行情。

2. 对角策略与垂直策略

还是在2021年3月25日同时构建垂直套利组合与对角套利组合。

构建垂直套利组合：

买进IO2106-C-4900，价格175.4元。

时间价值=175.4-（4926.35-4900）=149.05点，2倍时间价值为298.1点，预计沪深300指数上涨至5224.45点。

卖出IO2106-C-5200，价格83元。

构建对角套利组合：

买进IO2109-C-4900，价格227元。

卖出 IO2106－C－5200，价格 133.2 元。

盈亏情况见表 4－4（以下所有数据，都是根据真实数据回测）。

表 4－4　垂直策略与对角策略盈亏数据

时间	IO2106－C－4900	IO2106－C－5200	IO2109－C－4900	垂直盈亏	对角盈亏
3 月 25 日	175.4	83	227	0	0
3 月 26 日	222	107	270.2	2260	1920
3 月 29 日	219.8	104.2	264.8	2320	1660
3 月 30 日	238	113	283.6	3260	2660
3 月 31 日	212	96.6	263.2	2300	2260
4 月 1 日	255	116.4	302.2	4620	4180
4 月 2 日	280	135	321.4	5260	4240
4 月 6 日	261.6	119.2	309.8	5000	4660

　　从数据对比来看，对角策略的盈利能力低于垂直策略。即如果标的价差向同一个方向相对明显，那么以价差波动取胜的垂直策略一定是三种策略中盈利最多的；反过来，如果标的价格在非常窄的区间内震荡，那么以价差无波动取胜的水平策略一定是三种策略中盈利最多的。

　　对角策略综合了水平策略和垂直策略的优点，那么也相应继承了缺点，它处于三种策略的中间位置。在标的价格处于极端静止状态下，或处于极端波动下，对角策略的盈利能力都不是最好的。但在真实交易中，我们很难判断标的价格到底处于哪种极端，所以采用折中的对角策略是一个非常好的选择。

　　如果大家有兴趣还可以找一组下跌行情，用看涨期权构建三种策略，看哪种策略的亏损最少。通常情况下，若标的下跌，我们用看涨期权构建垂直套利组合和对角套利组合后会发现，对角策略的亏损幅度会小于垂直套利组合。这意味着对标的运行方向判断错误时，对角策略会降低我们的亏损。

　　以看涨期权构建套利组合为例，为什么标的正向上涨时垂直策略的效果好于对角策略，标的反向下跌时对角策略的效果好于垂直策略呢？

　　标的同样涨跌幅度下，时间价值越大的期权反应越慢。远期期权比近期期权时间价值大，所以当标的上涨时，近期期权的涨幅高于远期期权；反过来，标的下跌时，远期期权的跌幅小于近期期权。

对角策略不能完全替代垂直策略。若对标的判断的成功率较高，放大潜在盈利，推荐使用垂直组合；若对标的判断的成功率较低，缩小潜在亏损，推荐使用对角组合。

4.3.3 期权成本的降低

孙子说：因粮于敌。放在期权里就是我想赌它涨，需要资金，但自己又不想花钱，有谁出钱帮我买吗？从别人那里获得。

前文中讲过的修复策略，即是因粮于敌的案例。卖出期权，获得权利金来摊平成本。对角价差组合因为行权价不同、持有期权的到期时间不同，也可以达成这样的效果。但毕竟卖出期权组合是给别人上保险，所以还是要承担一部分风险。

举个例子，我们现在赌沪深 300 指数会出现巨幅上涨，至少上涨至 5600 点以上（当前点位 5123.49 点）。在期权上赚大钱，最好的方法是买进便宜的虚值期权。以当前价格买进一张深度虚值看涨期权 IO2109－C－5600 的价格为 7940 元。

但我们不想出这笔钱，想找人替我们出这笔钱。想要收钱，就要卖出期权。问题来了。

第一个问题：卖出看涨期权还是卖出看跌期权？

卖出看涨期权。因为卖出看跌期权后没有对冲，风险极高。如果标的价格下跌，两方面都亏损，理论上风险无限大。卖出看涨期权，有买进的 IO2109－C－5600 作为对冲，即便有风险，风险也是可控的。

第二个问题：卖出同月的看涨期权，还是卖出近月的看涨期权？

卖出近月的看涨期权。因为卖出期权，只有在期权到期后我们才能坐收权利金，我们以降低购买期权的成本来卖出期权，则必然先收到钱，即卖出的期权合约要比买进的合约先到期。所以只能卖出近月期权合约，而不能卖出同月看涨期权合约。

第三个问题：卖出什么行权价的近月看涨期权？

当前沪深 300 指数为 5123.49 点，卖出平值期权，还是卖出虚值期权，还是卖出深度虚值期权？当然越接近平值期权，权利金价格越高，一旦无价值到期，将有丰厚的回报。但是越是接近平值期权，被指派履约的风险越高。有可能不但赚不到钱，还要产生亏损。

所以就要选择一个在到期前不容易达到的行权价卖出。多少合适呢？可以采用麦克米伦在垂直价差中的方法，来计算标的可能上涨的位置，即预估标的将上涨平值期权时间价值的 2 倍。

当前近似平值期权为 IO2106－C－5100，价格 140.2 元。时间价值＝116.71 点［140.2－（5123.49－5100）］，2 倍时间价值为 233.42 点。预计沪深 300 指数在到期前最高可能上涨至 5356.91 点。

构建对角套利组合为：

买进 IO2109－C－5600，价格 79.4 元。

卖出 IO2106－C－5400，价格 48 元。

权利金差＝（48－79.4）×100＝－3140 元。

如果 IO2106－C－5400 无价值到期，意味着，我们以 3140 元的价格，买到了价值 7940 元的 IO2109－C－5600。

但事情并不一定如我们所愿，如果沪深 300 指数到期时达到了 5400 点以上甚至达到 5600 点，则完全不用担心，因为随着指数的上涨，用看涨期权构建的对角套利组合的盈利也会升高，整体组合不会亏损，不过是浪费了一次看大涨赚大钱的机会，使盈利变小了而已。

为了避免标的短期内就朝着我们预想的位置快速波动，我们需要卖出更安全的、更不容易触发履约的虚值期权。例如卖出 IO2106－C－5500。虽然无价值到期后，能拿到的权利金会少一些，但聊胜于无。

4.4 蝶式套利策略

蝶式套利是利用不同交割月份的价差进行套期获利，由两个方向相反、共享居中交割月份合约的跨期套利组成。它是一种期权策略，风险有限，盈利也有限，是由一手牛市套利和一手熊市套利组合而成的。以下所有适用看涨期权的案例，皆适用于看跌期权。

4.4.1 蝶式套利策略盈亏曲线

先来看两个案例：股票 A＝60 元，合约有 A－C－50＝12 元，A－C－60＝6

元，A－C－70＝3 元。用以上相邻的两个期权合约，构建所有的牛市借方垂直组合与熊市贷方组合。

可以构建四个，分别为：

牛市借方 1：

买进 A－C－50 建仓。

卖出 A－C－60 建仓。

牛市借方 2：

买进 A－C－60 建仓。

卖出 A－C－70 建仓。

熊市贷方 1：

买进 A－C－60 建仓。

卖出 A－C－50 建仓。

熊市贷方 2：

买进 A－C－70 建仓。

卖出 A－C－60 建仓。

我们分别来看一下它们的盈亏情况。

1. 牛市借方 1

买进 A－C－50，12 元。

卖出 A－C－60，6 元。

若到期股票价格≥60 元，A－C－60 的买方行权，我们作为空头履约。A－C－50 行权，50 元买 60 元卖，赚 10 元。权利金差－6 元，盈利 4 元。

若到期股票价格＝56 元，A－C－60 无价值到期。A－C－50 行权，50 元买 56 元卖，盈利 6 元。权利金差－6 元，盈亏平衡。

若到期股票价格≤50 元，A－C－50 与 A－C－60 无价值到期，付出权利金 12 元，权利金差－6 元，亏损 6 元。

本例中，到期时套利组合盈利时的股票价格范围在 56 元至 60 元之间。

2. 牛市借方 2

买进 A－C－60，6 元。

卖出 A－C－70，3 元。

当股票价格≥70元，A－C－70的多头行权，作为空头的我们履约。A－C－60行权，60元买70元卖，盈利10元。权利金差－3元，总盈利7元。

当股票价格＝63元，A－C－70无价值到期。A－C－60行权，60元买63元卖，盈利3元。权利金差－3元，盈亏平衡。

当股票价格≤60元，两期权无价值到期，权利金差－3元，总亏损3元。

本例中，到期时套利组合盈利时的股票价格范围在63元至70元之间。

3. 熊市贷方1

买进 A－C－60，6元。

卖出 A－C－50，12元。

当股票价格≤50元，两期权无价值到期，权利金差6元。总盈利6元。

当股票价格＝56元，A－C－50行权，作为空头的我们履约，以市价56元买进，50元卖出。亏6元，A－C－60无价值到期。权利金差6元，盈亏平衡。

当股票价格≥60元，A－C－50行权，作为空头的我们履约，A－C－60行权，60元买进，50元卖出，亏损10元，权利金差6元。总亏损4元。

本例中，到期时套利组合盈利时的股票价格范围在50元至56元之间。

4. 熊市贷方2

买进 A－C－70，3元。

卖出 A－C－60，6元。

当股票价格≤60元，两期权无价值到期，权利金差3元，总盈利3元。

当股票价格＝63元，A－C－60行权，作为空头的我们履约，以市价63元买进，60元卖出，亏3元，A－C－70无价值到期。权利金差3元，盈亏平衡。

当股票价格≥70元，A－C－60行权，作为空头的我们履约，A－C－70行权。70元买，60元卖，亏损10元，权利金差3元。总亏损7元。

本例中，到期时套利组合盈利时的股票价格范围在60元至63元之间，3元的距离。

以上四种情况中，最大的盈利范围是最正常的牛市垂直价差组合，盈利范围是7元。

需要注意的是：两牛策略与两熊策略没有必要再组合，因为这相当于做了两组不同行权价且意义相同的套利组合。牛1与熊1，牛2与熊2也不必组合，因为两者是镜像，组合起来没意义。

还剩两种情况：牛1与熊2，牛2与熊1。

情况1：牛1与熊2

买进A－C－50，12元；卖出A－C－60，6元。

买进A－C－70，3元；卖出A－C－60，6元。

整合一下，相当于：

买进A－C－50，12元，1张。

卖出A－C－60，6元，2张。

买进A－C－70，3元，1张。

盈亏情况如表4－5，盈亏曲线如图4－13。

表4－5 牛1与熊2组合后的盈亏数据

股票价格	A－C－50	A－C－60	A－C－70	总盈亏
48	－1200	1200	－300	－300
49	－1200	1200	－300	－300
50	－1200	1200	－300	－300
51	－1100	1200	－300	－200
52	－1000	1200	－300	－100
53	－900	1200	－300	0
54	－800	1200	－300	100
55	－700	1200	－300	200
56	－600	1200	－300	300
57	－500	1200	－300	400
58	－400	1200	－300	500
59	－300	1200	－300	600
60	－200	1200	－300	700
61	－100	1000	－300	600
62	0	800	－300	500
63	100	600	－300	400
64	200	400	－300	300
65	300	200	－300	200
66	400	0	－300	100
67	500	－200	－300	0
68	600	－400	－300	－100
69	700	－600	－300	－200
70	800	－800	－300	－300
71	900	－1000	－200	－300
72	1000	－1200	－100	－300

当股价≥51元时，A－C－50开始行权。

当股价≥61元时，A－C－60开始履约。

当股价≥71元时，A－C－70开始行权。

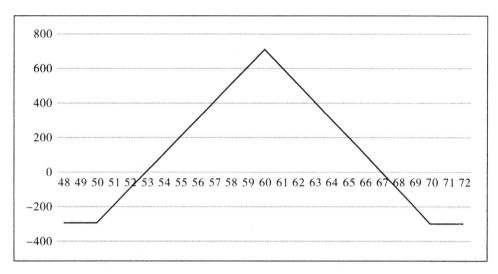

图4－13 牛1与熊2组合的盈亏曲线

到期时套利组合盈利时的股票价格范围在53元至67元之间，14元的差距。

对比单独进行牛2的最高7元的盈利标的价格范围，牛1＋熊2的组合，可以把盈利时标的范围扩大到14元。最重要的是，组合的最高潜在盈利还是7元，并没有因为盈利范围变宽后导致最大潜在盈利变小。

不过牛1＋熊2的组合，需要卖开两份期权，资金使用率会翻倍。

情况2：牛2与熊1

买进A－C－60，6元；卖出A－C－70，3元。

买进A－C－60，6元；卖出A－C－50，12元。

整合一下，相当于：

卖出A－C－50，12元，1张。

买进A－C－60，6元，2张。

卖出A－C－70，3元。1张。

盈亏情况如表4－6，盈亏曲线如图4－14。

表4-6 牛2与熊1组合后的盈亏数据

股票价格	A—C—50	A—C—60	A—C—70	总盈亏
49	1200	−1200	300	300
50	1200	−1200	300	300
51	1100	−1200	300	200
52	1000	−1200	300	100
53	900	−1200	300	0
54	800	−1200	300	−100
55	700	−1200	300	−200
56	600	−1200	300	−300
57	500	−1200	300	−400
58	400	−1200	300	−500
59	300	−1200	300	−600
60	200	−1200	300	−700
61	100	−1000	300	−600
62	0	−800	300	−500
63	−100	−600	300	−400
64	−200	−400	300	−300
65	−300	−200	300	−200
66	−400	0	300	−100
67	−500	200	300	0
68	−600	400	300	100
69	−700	600	300	200
70	−800	800	300	300
71	−900	1000	200	300
72	−1000	1200	100	300

当股价≥51元时，A—C—50开始履约。

当股价≥61元时，A—C—60开始行权。

当股价≥71元时，A—C—70开始履约。

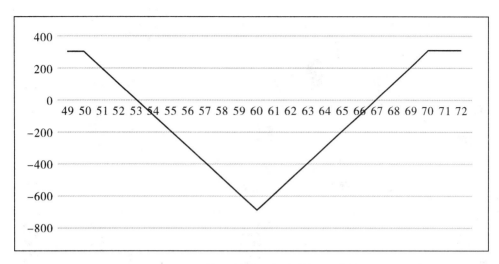

图 4－14 牛 2 与熊 1 组合的盈亏曲线

牛 2 与熊 1 的组合，是牛 1 与熊 2 的组合的镜像，效果恰好相反。虽然理论上亏损的范围是 14 个点，盈利的范围无限大。但范围再大，最高潜在盈利也只有 300 元，而最高潜在亏损却为 700 元。牛 2 与熊 1 组合的效果，不如直接做跨式组合。我们再回头看牛 1 与熊 2 的组合，它才是纯正的"蝶式套利"。

垂直价差，可以看小涨或者看小跌，二选一。如果使用牛借与熊贷两者结合，则既可以看小涨，也可以看小跌，两者兼顾。虽然资金使用率翻倍，但在不破坏最高潜在盈利的前提下，保证标的波动范围扩大也能盈利。

4.4.2 蝶式策略不能代替垂直策略

图 4－15 为 50ETF 日线走势图，假设我们在图中左侧箭头所指处 2021 年 4 月 15 日认为 50ETF 会走出一段反弹走势，即判断它最少会出现小涨行情，当日收盘价 3.419 元。

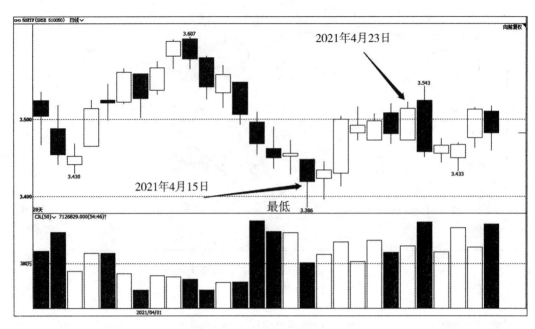

图 4-15　50ETF 日线走势图

构建垂直套利组合：

买进 50ETF2106-C-3.4，价格 0.1179 元。

卖出 50ETF2106-C-3.7，价格 0.0299 元。

垂直套利组合的最大亏损为权利金差，本例中为 880 元 [（0.0299-0.1179）×10000]，我们给 5000 元风险，可做 5.68 组，为了方便精确对比，虽然不能交易 0.68 组期权组合，我在理论计算的时候还是要保留两位小数。

现在我们尝试着使用蝶式套利组合来达到看小涨的目的。蝶式套利以卖出平值期权为中心，买进同样程度的实值与虚值期权来构建，具体如下：

买进，同一合约，（实 N 档）实值看涨期权，1 张，建仓。

卖出，同一合约，平值看涨期权，2 张，建仓。

买进，同一合约，（虚 N 档）虚值看涨期权，1 张，建仓。

买进 50ETF2106-C-3.7，1 张，0.0299 元。

卖出 50ETF2106-C-3.4，2 张，0.1179 元。

买进 50ETF2106-C-3.1，1 张，0.3299 元。

蝶式套利组合的最大亏损也是权利金差。标的价格向两侧做极端波动时，若 50ETF 下跌至 0 元，4 张期权无价值到期，权利金差为-1240 元。

若 50ETF 上涨到 5 元：50ETF2106－C－3.7 行权，3.7 元买，5 元卖，盈利 13000 元；50ETF2106－C－3.4 履约，5 元买，3.4 元卖，2 张，亏损 32000 元；50ETF2106－C－3.1 行权，3.1 元买，5 元卖，盈利 19000 元；权利金差－1240 元。总亏损 1240 元。我们同样给出 5000 元风险，可做 4.03 组。

至图中右侧箭头处 2021 年 4 月 23 日，一个小波段上涨完结，对比一下两个策略的盈亏情况。

垂直套利组合：

买进 50ETF2106－C－3.4，买价 0.1179 元，现价 0.1652 元。

卖出 50ETF2106－C－3.7，卖价 0.0299 元，现价 0.0429 元。

每组组合盈利 343 元，5.68 组，盈利共 1948.24 元。

蝶式套利组合：

买进 50ETF2106－C－3.7，1 张，买价 0.0299 元，现价 0.0429 元。

卖出 50ETF2106－C－3.4，2 张，卖价 0.1179 元，现价 0.1652 元。

买进 50ETF2106－C－3.1，1 张，买价 0.3299 元，现价 0.4050 元。

每组亏损 65 元，4.03 组，共亏损 261.95 元。

本例中，50ETF 的上涨幅度不大，仅为 2.78%，另外，这也超过了蝶式套利组合的范围。但我们还要再考虑一种情况，看涨期权构建垂直价差的盈利曲线是一个反的"Z"形，蝶式套利的盈利曲线是一个倒 V 形。

如果在某段时间内，标的价格靠近下方，则垂直套利组合的盈利必然较低，蝶式套利组合却能获得高于垂直策略的利润；甚至在垂直套利组合亏损的情况下，蝶式套利也有可能继续盈利。

看小涨即便失败了，蝶式套利也能让我们盈利，那我们就放弃垂直套利改用蝶式套利，行吗？

不可以，因为两个策略的目的不同，垂直套利的目的是看小涨、看小跌，蝶式套利的目的是看不涨、看不跌。选择期权策略时，一定要先明确自己的目的，再选择期权方法。

4.4.3　移动组合

蝶式套利策略并不是一个开放式策略，它将上下两处都堵住，标的价格波动向上，蝶式的卖出腿就要亏损；标的价格波动向下，蝶式的买进腿就要亏损。

我们回忆一下股票 A＝60 元，A－C－50、A－C－60、A－C－70 的蝶式套利。到期时标的价格＝60 元时，蝶式组合的盈利最高。换句话说，即从构建组合到组合到期这段时间，标的价格不能波动，只要波动，盈利就会缩小。不动，反而盈利最高。这就违背了看小涨的初衷，也就无法替代垂直价差组合。

那我们能不能变化一下？既然构建蝶式组合时，标的价格位于组合中间行权价时盈利最高，若我们判断标的价格可能缓慢震荡上行，我们将三个行权价上移不可以吗？

例如股票 A＝60 元，我们不用分别按 50 元、60 元、70 元来构建组合。而是用 60 元、70 元、80 元来构建组合，如下：

买进 A－C－60，1 张，建仓。

卖出 A－C－70，2 张，建仓。

买进 A－C－80，1 张，建仓。

当股票价格由 60 元上涨至 70 元时，由于中心由 60 元向上偏移到了 70 元，股价达到 70 元时即为最高盈利，并且不违背看小涨初衷。

以上一节的案例为例，2021 年 4 月 15 日时，我们认为 50ETF 可能会震荡上行，构建了正常版的蝶式套利组合：

买进 50ETF2106－C－3.7，1 张，0.0299 元。

卖出 50ETF2106－C－3.4，2 张，0.1179 元。

买进 50ETF2106－C－3.1，1 张，0.3299 元。

上文已述，至 4 月 23 日，每组亏损 65 元，4.03 组，共亏损 261.95 元。

我们尝试着把卖出平值期权的行权价向上移动，移动至什么位置呢？近似平值期权 50ETF2106－C－3.4 的价格为 0.1179 元，时间价值为 0.0989 元 ［0.1179－(3.419－3.4)］，2 倍时间价值为 0.1978 元，预计 50ETF 将会上涨至 3.617 元。构建行权价上移的蝶式套利组合：

买进 50ETF2106－C－3.9，1 张。

卖出 50ETF2106－C－3.6，2 张。

买进 50ETF2106－C－3.3，1 张。

如果我们判断后势为小涨，想要更高的盈利率，最好用看涨期权构建借方垂直套利组合。但若担心判断不准确，还有可能震荡，最好使用向上移动行权价的蝶式套利组合。但若担心标的价格还有可能会下跌，最好使用原版蝶式套利组合。

4.5 反（宽）跨策略

反（宽）跨策略是（宽）跨策略的镜像，（宽）跨策略赌隐含波动率上涨，反（宽）跨策略赌隐含波动率下降。

4.5.1 赌波动率下行

跨式组合需在买进看涨期权的同时买进看跌期权，它的盈亏曲线是一个"V"形。但是需要注意的是：这是持有至到期时的盈利曲线。而我们交易期权，根本不想持有至到期。

我们把跨式组合看成一个价值整体，即买进看涨期权 3 张，买进看跌期权 3 张，合起来是一个价值 6 张的持仓。

当隐含波动率升高时，价值整体的价值升高；当隐含波动率降低时，价值整体的价值降低。我们根本不在乎标的波动方向，或是到期之后会如何，赌的是波动率的升高。

那么我们赌波动率下跌，怎么做呢？我们之前给出过一种方法，即水平价差组合，它是赌标的价格不会出现巨大的波动，也就隐含着赌了隐含波动率走低的情况，本质上是赌波动率的降低。此外还有一种更为极端的做法，即反向跨式组合。

裸卖看涨期权的同时，裸卖看跌期权，形成一个与跨式期权反向的价值组合。看涨期权 3 张，看跌期权 3 张，我们先收到了 6 张的价值，等待着整体持仓的价值衰减。

例如 50ETF 当前价格为 3.48 元，50ETF2106－C－3.5 的价格为 0.0898 元，50ETF2106－P－3.5 的价格为 0.1139 元，同时卖出建仓，可获得 2037 元的权利金。如果到期时，50ETF 价格处于 3.5 元，那么 2 张期权都会无价值到期，获得全部权利金，达到最大盈利。

如果出现两个极端情况呢？

以持仓 1 万份计。假设到期时，50ETF 下跌至 0 元，那么 50ETF2106－P－

3.5 无价值到期，50ETF2106－C－3.5 履约，3.5 元买，0 元卖，亏损 35000 元，减去收到的权利金 2037 元，总亏损 32963 元。

假设到期时，50ETF 上涨至 10 元，那么 50ETF2106－C－3.5 无价值到期，50ETF2106－P－3.5 履约，10 元买，3.55 元卖，亏损 64500 元，减去收到的权利金 2037 元，总亏损 62463 元。

标的价格上涨得越高或下跌得越低，整体组合的亏损就越大。理论上，反跨式组合是盈利有限、亏损无限的策略。

到期时，标的价格波动至某一点位，触发了组合中一条腿的履约条件，而履约的亏损与收到的权利金总和相等，此处标的价格所处的点位，即是跨组合的盈亏平衡点。

本例中，50ETF 下跌至 3.296 元（3.5－0.2037）或上涨至 3.704 元（3.5＋0.2037）以上时，反跨式组合便会亏损。若持有至到期，只要标的围绕 3.5 元上下波动不超过 5.82%，最终都会有盈利。

反向跨式就有两种做法，一种是根本不必理会到期问题，纯粹赌波动率会降低。一种是计算合约在到期范围内会不会达到这个位置。

我们知道跨式套利中有一种方法是宽跨式套利，那么反向跨式也可以有反宽跨组合。即卖出虚值看涨期权的同时，卖出距离平值期权相同档位的虚值看跌期权。

如果我们能卖出 3 张标准差以外的期权，即有 99.7% 以上概率获利。由于同一时间内标的价格只能选择一个方向，本质上我们有 99.85% 的概率获利。

50ETF 现在的价格为 3.48 元，假设距离到期日的波动率为 10%，那么上下 3 个标准差的范围分别为 3.48×1.3＝4.524 与 3.48×0.7＝2.436。如果能卖出 4.5 元行权价的看涨期权与 2.4 元行权价的看跌期权，两个方向获利的概率便相当大了。

当然这种方法达成的条件相当苛刻，目前为止 6 月到期的 50ETF 合约最低行权价为 2.95 元、最高行权价为 4.4 元，无法构建我们要求的宽跨式组合。即使可以构建，也因为它们是深度虚值期权，期权价格非常低，没有多大的获利空间，操作性不强。所以反跨式组合，基本的做法是赌波动率下行。

4.5.2 反跨策略与水平策略、持保看涨策略的对比

持有至到期的反跨组合的盈利曲线与反宽跨式组合的盈利曲线如图 4-16。

图 4-16 反跨策略（左）与反宽跨策略（右）盈亏曲线

图左的线看着很眼熟，是吧？我们讲过这条线，它也是水平价差组合的盈利曲线。那么反跨策略与水平策略是不是有相似之处呢？不但有，而且相似之处非常多。

我们可以把买进、看涨理解为"正"，把卖出、看跌理解为"负"。

买进看涨期权，正正得正，权利。看涨。

买进看跌期权，正负得负，权利。看跌。

卖出看涨期权，负正得负，义务。看不涨。

卖出看跌期权，负负得正，义务。看不跌。

再对比反跨策略与水平策略：

反跨策略：卖出看涨期权（看不涨），卖出看跌期权（看不跌）。

水平策略：卖出看涨期权（看不涨），买进看涨期权（看涨）。

如果我们把看不跌约等于看涨的话。那么：

反跨策略：看不涨，看涨。

水平策略：看不涨，看涨。

两种策略基本能对应。并且时间是空头的朋友，两种策略都在赌波动率下跌，也都利用了 Theta 值所量化的价值衰减。

在期权交易圈中，有一种声音说，做期权空头盈利较多。其实这话是错的，或者是片面的。我们知道卖出期权的盈利是有限的，真想赚大钱，一定是做期权多头，才盈利无限。所以盈利较多必然指向的是期权多头，而非期权空头。

那么这句话正确的是什么地方呢？时间流逝所导致的价值衰减。即期权多头头寸的价值，每一秒钟都在变小，对手期权空头头寸收入囊中的价值每一秒都在增加。且价格走势有二分之一甚至三分之二的时间处于震荡中，即波动率与隐含波动率都在下行过程中，所以做空期权的胜率较高。

做多期权，胜率低，盈亏比高；做空期权，胜率高，盈亏比低。所以不要迷信做空期权盈利多这种话，而是要看你的初衷是什么。你的初衷是赚大钱，不在乎胜率，只要一次盈亏比完全可以弥补，那就不要做空期权。

水平策略与反跨策略的相同之处在于，一条腿完全相同。

水平策略与反跨策略的区别之处在于，另一条腿虽然意思相近，但所采取策略不同，反跨策略是义务、收钱，水平策略是权利、付钱。

这也就决定了，反跨策略的风险是无限大的，但盈利的幅度比水平策略高。水平策略的风险是有限的，但另一条腿的亏损要拖累整体盈利，盈利幅度比反跨策略要低。

这还是我们在上文所说的舍得，想要堵住风险，就要付出代价。想要更高盈利，就要面临敞口风险。

反跨策略与比率持保看涨策略的盈利曲线也几乎一样。比率持保看涨：手中1倍持有标的多头头寸，卖出2倍看涨期权。

反跨策略：卖出看涨期权（看不涨），卖出看跌期权（看不跌）。

比率持保看涨策略：卖出看涨期权（看不涨），卖出多头头寸（看涨）。

我们还是把看不跌约等于看涨，两组组合基本可以对应。

比率卖出看涨组合是一种持有至到期策略，卖出看涨期权要"永不"履约，以达到增加总体收入的效果。最佳状态是，不需挪仓，看涨期权到期自动坐收权利金，且当标的价格小于等于看涨期权的行权价时，为潜在最高盈利。

从这一方面看，比率持保看涨本质上是赌标的不要大涨。

另一方面，卖出看涨期权可以为标的提供下行保护，如果下跌幅度过深，超过了卖出看涨期权收到的权利金时，整体组合就会亏损。

所以比率持保看涨策略本质上是赌标的不要大跌。不要大涨，也不要大跌，它赌的是震荡，既然是赌震荡，也就是赌波动率、隐含波动率下行，这与反跨的目的是一致的。

4.5.3　反跨组合亏损后的 Delta 中性

反跨组合的理论风险是无限的，但在看震荡的策略中，收益是最大的，所以还是非常诱人。如果构建反跨组合后，遭遇巨大亏损我们应该怎么办呢？

图 4 - 17 为沪深 300 指数日线图，图中左侧箭头所指时间为 2021 年 2 月 18 日，当日收盘于 5768.38 点，假设我们在这里认为沪深 300 指数要围绕 5768.38 点窄幅震荡，构建反跨套利组合：

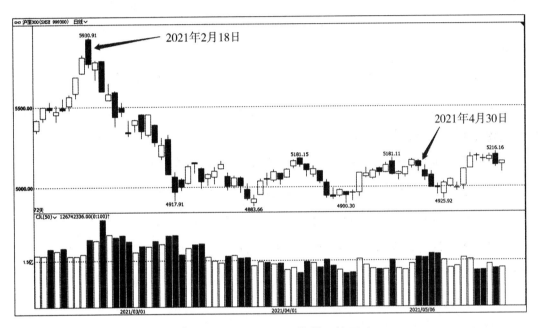

图 4 - 17　沪深 300 指数日线图

卖出 IO2106－C－5800，价格 248 元。

卖出 IO2106－P－5800，价格 361.2 元。

至 2021 年 4 月 30 日：IO2106－C－5800 价格 11 元，IO2106－P－5800 价格 738.2 元，总盈亏为－14000 元［（248－11＋361.2－738.2）×100］。

亏 14000 元我们不愿承受，怎样才能补救呢？

让它平衡。如何平衡？

先来看怎样才能使这样的反跨组合再次盈利，我们知道影响跨式组合与反跨组合的关键因素在于隐含波动率和标的价格的波动幅度。波动率我们无法预知，但如果标的波动继续扩大，则本例反跨组合还会继续亏损。

如果沪深 300 指数价格反弹，离我们构建反跨组合行权价的位置越近，我们最终盈利的可能性就越大。因为反跨赌隐含波动率下行，即赌标的价格不会大幅波动，也就是赌它标的最终的价位，不会距离我们初始建立反跨组合的价格太远。

所以我们唯一要防范的是沪深 300 指数的价格继续下跌。兵来将挡，既然怕下跌，那我们就做好下行保护。

2021 年 4 月 30 日，IO2106－C－5800 的 Delta 值为 0.0904，IO2106－P－5800 的 Delta 值为－0.9103。

我们说过把跨式或反跨当成一个价值整体，所以该价值整体的 Delta 值＝0.0904－0.9103＝－0.8199。

当前，与－0.8199 最接近的是 IO2106－P－5600，其 Delta＝－0.8255，当前价格为 551.2 元。那我们就买进一张 IO2106－P－5600。整体组合达到 Delta 平衡。

现在的全部持仓为：

（1）卖出 IO2106－C－5800，1 张，收到权利金 24800 元。

（2）卖出 IO2106－P－5800，1 张，收到权利金 36120 元。

（3）买进 IO2106－P－5600，1 张，付出权利金 55120 元。

第一种情况：沪深 300 指数继续下跌，我们设想一个极端情况，即沪深 300 指数下跌至 0 元。

IO2106－C－5800，无价值到期。

IO2106－P－5800，履约，5800 点买，0 点卖，亏损 580000 元。

IO2106－P－5600，行权，0 点买，5600 点卖，盈利 560000 元。

收到权利金 60920 元。

总盈亏＝60920＋560000－580000＝40920（元）。

为什么会这样？（2）和（3）是熊市贷方垂直价差组合，即以看跌期权构建的反向垂直价差组合，它的盈亏曲线是一个"Z"形。只要价格下跌，就会锁定盈利。而（1）则是标的下跌，它便无价值到期，坐收权利金。

熊市贷方垂直价差组合与裸卖看涨期权，都是看跌，所以如果沪深 300 指数继续下跌，便会达到盈亏平衡，甚至还有盈利。

第二种情况：沪深 300 指数上涨至 5800 点。三张期权无价值到期，权利金差

5800 元，还有盈利。

第三种情况：沪深 300 指数大幅上涨，假设上涨至 8000 点。IO2106－C－5800 履约，8000 点买，5800 点卖，亏损 220000 元；IO2106－P－5800 与 IO2106－P－5600 无价值到期，总体亏损 214200 元。

标的上涨的幅度越来越大，整体组合亏损就会越来越大，怎么办？没关系，这种情况根本不会发生，因为我们不会让亏损发生。当标的价格已经回升至 2021 年 2 月 18 日的位置时，我们构建的三条腿组合已经收回了成本，甚至还小有盈利，此时不平仓更待何时？所以我们说这种情况不会发生。

所以通过 Delta 中性，不但可以堵住单边风险，还可以挽救亏损的策略组合。使得原来风险无限大的反跨组合，变得风险可控、盈利可期。我们唯一需要付出的仅是机会成本。

4.6　盒式套利策略

盒式套利策略是一种无风险套利策略。我们一般认为无风险套利只存在于一瞬间，只有通过计算机计算出来的高频交易，才能发现无风险套利的机会。其实，无风险套利几乎存在于任何时刻。使用期权的无风险套利的一种方式为"盒"。盒式套利，就是通过构建两组正向垂直价差组合，锁定一个"盒"，而购买这个"盒"的价格低于"盒"的价值。价值与价格的差，就是套利的利润。

举个例子，2021 年 4 月 30 日 50ETF 收盘价 3.482 元，平值期权的行权价为 3.5 元。我们通过向虚实四档的期权来构建这个"盒"。

买进 50ETF2106－C－3.1，1 张，支出权利金 3860 元。

卖出 50ETF2106－C－3.9，1 张，收到权利金 96 元。

买进 50ETF2106－P－3.9，1 张，支出权利金 4323 元。

卖出 50ETF2106－P－3.1，1 张，收到权利金 90 元。

通过"盒"，锁定了每份 0.8 元的价值，1 张期权对应 1 万份 ETF，即锁定了 8000 元的价值。那么需要多少钱买这个"盒"呢？

权利金差为－7997 元（96＋90－3860－4323），即花费 7997 元购买价值 8000 元的"盒"，持有至到期后，获利价格价值差 3 元。

构建两组正向垂直组合就锁定了 3 元的利润吗？能锁定。我们给出三种情况。

情况 1：50ETF 位于 3.1—3.9 元之间，假设为 3.4 元。

50ETF2106—C—3.1 行权，3.1 元买，3.4 元卖，盈利 3000 元。

50ETF2106—C—3.9 无价值到期。

50ETF2106—P—3.9 行权，3.4 元买，3.9 元卖，盈利 5000 元。

50ETF2106—P—3.1 无价值到期。

行权共盈利 8000 元，权利金差 －7997 元，总盈利 3 元。

情况 2：50ETF 跌至 0 元。

50ETF2106—C—3.1 无价值到期。

50ETF2106—C—3.9 无价值到期。

50ETF2106—P—3.9 行权，0 元买，3.9 元卖，盈利 39000 元。

50ETF2106—P—3.1 履约，3.1 元买，0 元卖，亏损 31000 元。

行权履约盈利 8000 元，权利金差 －7997 元，总盈利 3 元。

情况 3：50ETF 涨至 5 元或以上。

50ETF2106—C—3.1 行权，3.1 元买，5 元卖，盈利 19000 元。

50ETF2106—C—3.9 履约，5 元买，3.9 元卖，亏损 11000 元。

50ETF2106—P—3.9 无价值到期。

50ETF2106—P—3.1 无价值到期。

行权履约盈利 8000 元，权利金差 －7997 元，总盈利 3 元。

不论哪种情况，两组正向垂直价差组合都能锁定 3 元的价值，只要买"盒"的价格低于锁定的价值，就能从中获得收益。

锁定四档锁得很宽，锁两档窄一些，无风险套利机会还在不在呢？同样存在。

我们以 M2109 为例，2021 年 4 月 30 日 M2109 收盘价 3575 元，平值期权行权价 3600 元。

构建"盒"如下：

买进 M2109—C—3500，1 张，支出 1795 元。

卖出 M2109—C—3700，1 张，收到 1030 元。

买进 M2109—P—3700，1 张，支出 2255 元。

卖出 M2109—P—3500，1 张，收到 1030 元。

两档锁定"盒"价值 200 点，即 2000 元价值。购买"盒"需要支付 1990 元（1030＋1030－1795－2255）。

同样，不论 M2109 在到期时处于哪个位置，锁定的 2000 元价值都不会发生变化，可无风险套利 100 元。

需要注意的是，"盒"的价值与价格虽然有无风险套利空间，但套利空间非常小。拿 M2109 的盒式组合来说，套出来的 100 元，还要支付 4 笔交易的手续费。如果是场内做市商，能拿到最低的手续费，倒可以尝试。不过还需要考虑另一种成本，即机会成本。

50ETF 案例中，6 月期权合约的到期日是 6 月 23 日。构建盒式套利组合的日期是 4 月 30 日，还有近两个月到期。全年活期存款利率为 0.3％，那么 2 个月的存款利率为 0.05％。

卖出 50ETF2106－C－3.9 与 50ETF2106－P－3.1 按 20％的保证金率来计算的话，需要 39000×20％＋310000×20％＝14000 元，加上购买"盒"的权利金 7997 元，总成本为 29997 元。

2 个月的活期存款利率为资金的最低机会成本，29997×0.05％约为 11 元。

即使不考虑手续费的情况下，放弃 11 元的收益，获取 3 元的套利利润，基本没有操作性。

第五章

进阶策略

以上几章内容，都是期权交易的基本策略，在真正的交易中完全按基本策略交易的机会不多。受制于各种因素，我们需要更深入地了解会有哪些因素影响期权价格、组合效率，更要深入地了解每一种策略的优缺点。所以本章我们会从更深入的角度，重新审视所有基础策略。

5.1　基础策略小结

在重新审视所有基础策略之前，需要做一个阶段性总结。凡是可用于看涨期权的组合，反过来也适用于看跌期权组合。

5.1.1　策略形式及操作

1. 持保看涨及看跌

持保看涨：

持有标的多头头寸，同时卖出看涨期权。

持保看跌：

持有标的空头头寸，同时卖出看跌期权。

建议：多用持保看涨，少用或不用持保看跌。因不论持有任何标的，理论上做空的风险无限大。

2. 比率持保看涨及看跌

比率持保看涨：

持有 1 倍标的多头头寸，同时卖出 2 到 3 倍看涨期权。

比率持保看跌：

持有 1 倍标的空头头寸，同时卖出 2 到 3 倍看跌期权。

目的：提供标的反向运行的保护，且通过挪仓、不履约，来增加收入。

3. 裸卖看涨及看跌期权

裸卖看涨期权：

裸卖出虚值看涨期权，可计算历史波动率，卖出 3 倍标准差之外的看涨期权。

裸卖看跌期权：

裸卖出虚值看跌期权，可计算历史波动率，卖出 3 倍标准差之外的看跌期权。

目的：通过挪仓、倒金字塔加仓，不履约，坐收权利金。

4. 短线替代

交易系统给出信号后，通过买进看涨期权或看跌期权，替代交易标的。不推荐。

建议：买进近月深度实值期权。

5. 修复

看涨期权修复策略：

持有 1 倍的亏损多头头寸，卖出 2 倍的虚值看涨期权，同时，买进 1 倍当前平值看涨期权。

看跌期权修复策略：

持有 1 倍的亏损空头头寸，卖出 2 倍的虚值看跌期权，同时，买进 1 倍当前平值看跌期权。

目的：通过卖出虚值期权收取权利金，用于抄底以摊低成本。若亏损，无风险；若盈利，可回本。

6. 合成看涨及看跌期权

合成看涨期权：

持有 1 倍标的多头头寸，同时买进 1 倍看跌期权。其意义与持有 1 倍看涨期权相同。

合成看跌期权：

持有1倍标的空头头寸，同时买进1倍看涨期权。其意义与持有1倍看跌期权相同。

目的：持有1倍看涨或者看跌期权，只有1条腿，通过2条腿合成看涨看跌期权，自由度更高，可以随时改变策略，变成持保看涨、看跌，垂直、水平、对角、跨式等组合。

7. 正向垂直价差组合

牛市看涨期权垂直价差组合：

买进，同期合约，低行权价，看涨期权。

卖出，同期合约，高行权价，看涨期权。

熊市看跌期权垂直价差组合：

买进，同期合约，高行权价，看跌期权。

卖出，同期合约，低行权价，看跌期权。

目的：对冲波动率，通过价格正向波动盈利，且可以在到期之前了结组合。

8. 反向垂直价差组合

牛市看跌期权垂直价差组合：

买进，同期合约，高行权价，看跌期权。

卖出，同期合约，低行权价，看跌期权。

熊市看涨期权垂直价差组合：

买进，同期合约，高行权价，看涨期权。

卖出，同期合约，低行权价，看涨期权。

目的：对冲波动率，通过价格反向波动盈利。但盈利能力低于正向垂直组合，可在到期之前了结组合。不推荐。

9. 正向比率垂直价差组合

牛市比率看涨期权垂直价差组合：

买进，1倍同期合约，低行权价，看涨期权。

卖出，2倍同期合约，高行权价，看涨期权。

熊市比率看跌期权垂直价差组合：

买进，1倍同期合约，高行权价，看跌期权。

卖出，2倍同期合约，低行权价，看跌期权。

卖出腿的行权价＝标的当前价格＋2×平值期权的时间价值

目的：通过多卖出一份期权，增加一份收入，选择履约概率小的行权价构建比率组合。若出现亏损，可通过挪仓解决，也可以通过Delta中性来量化比率。

10. 正向水平价差组合

正向看涨期权水平价差组合：

买进，远期合约，同一行权价，看涨期权。

卖出，近期合约，同一行权价，看涨期权。

正向看跌期权水平价差组合：

买进，远期合约，同一行权价，看跌期权。

卖出，近期合约，同一行权价，看跌期权。

目的：对冲波动率，对冲Theta，通过标的价格波动幅度小，卖出腿快快赚钱，买进腿慢慢亏钱，赚取权利金差。本质为做空波动率。可在近期合约到期后了结，也可以在到期之前了结。

11. 正向比率水平价差组合

正向看涨期权水平价差组合：

买进，1倍远期合约，同一虚值行权价，看涨期权。

卖出，2倍近期合约，同一虚值行权价，看涨期权。

正向看跌期权水平价差组合：

买进，1倍远期合约，同一虚值行权价，看跌期权。

卖出，2倍近期合约，同一虚值行权价，看跌期权。

目的：虚值期权被指派履约的可能性小，多卖出一份期权，多收入一份权利金。须在近期合约到期后了结组合。可根据Delta中性来量化比率。

12. 蝶式价差组合

看涨期权蝶式价差组合：

买进，1倍同期合约，实值，看涨期权。

卖出，2倍同期合约，平值，看涨期权。

买进，1倍同期合约，虚值，看涨期权。

看跌期权蝶式价差组合：

买进，1倍同期合约，实值，看跌期权。

卖出，2倍同期合约，平值，看跌期权。

买进，1倍同期合约，实值，看跌期权。

目的：通过正、反向垂直价差组合构建一组蝶式价差组合，扩大盈利时的标的波动范围，适用于看震荡。若要看涨或看跌，可以实平虚，替换为平虚（深）虚。持有至到期了结。

13. 对角价差组合

看涨期权对角价差组合：

买进，远期合约，低行权价，看涨期权。

卖出，近期合约，高行权价，看涨期权。

看跌期权对角价差组合：

买进，远期合约，高行权价，看跌期权。

卖出，近期合约，低行权价，看跌期权。

目的：结合垂直与水平的优缺点。标的正向波动时，盈利情况不如垂直价差组合；但标的反向波动时，亏损情况优于垂直价差组合。对角价差组合可随时了结。

5.1.2　几种策略的对比

1. 跨式垂直对比

跨式组合，买涨买跌，对冲了标的运行的方向。受波动率影响，波动率走高组合盈利，波动率走低组合亏损。

垂直组合，买涨卖涨（或买跌卖跌），对冲了波动率。受标的运行方向影响，标的正向运行组合盈利，标的反向运行组合亏损。

2. 垂直水平对比

垂直组合，同期不同价，买涨卖涨（或买跌卖跌），对冲了波动率。受标的运行方向影响，标的正向波动组合盈利，标的不动或反向波动组合亏损。

水平组合，同价不同期，买涨卖涨（或买跌卖跌），对冲了波动率。受标的运行方向影响，标的不动或小动组合盈利，标的正向或反向波动组合亏损。

3. 跨式水平对比

跨式组合，买涨买跌，对冲了标的运行的方向。受波动率影响，波动率走高组合盈利，波动率走低组合亏损。本质为预判波动率变大。

水平组合，买涨卖涨（或买跌卖跌），对冲了波动率。标的不波动，组合盈利；标的大幅波动，组合亏损。本质为预判标的的波动幅度，更深层的本质还是预判波动率，只不过预判波动率变小。

4. 裸买垂直对比

裸买看涨、看跌期权，受标的波动方向与波动率两个方面的影响。标的正向运行，波动率变小，组合亏损或盈利幅度极小；一旦波动率扩大且标的正向大幅运行，盈利巨大。

垂直组合，买涨卖涨（或买跌卖跌），对冲了波动率，只受标的运行方向影响。波动率不论变大还是变小，只要标的正向运行，即可盈利。虽然锁定了一个变量，但也锁定了最大盈利。

5. 裸买水平对比

裸买看涨、看跌期权，受标的波动方向与波动率两个方面的影响。一旦波动率扩大且标的正向大幅运行，盈利巨大。但时间是多头的敌人，越靠近到期日，受 Theta 值影响，期权价值衰减得越快，盈利的可能性越小，盈利的幅度越小。

水平组合，买涨卖涨（或买跌卖跌），表面对冲了波动率，但它预判标的不波动，即预判波动率走低，还是受标的波动方向与波动率两个方面的影响。但水平组合的核心为卖出腿，时间是空头的朋友，越靠近到期日，受 Theta 值影响，期权价值衰减得越快，盈利的可能性越大，盈利的幅度越大。

6. 裸卖水平对比

裸卖看涨，并不是单纯地看跌，只要不涨，即可盈利，可理解为看不涨。裸卖看跌，并不是单纯地看涨，只要不跌，即可盈利，可理解为看不跌。上、下、横三种情况，锁定了两种情况，盈利概率变大，但风险巨大。并且盈亏平衡是明确的"一个点"。

水平组合，买涨卖涨（或买跌卖跌），上、下、横三种情况，只锁定了一种情况，大幅上涨亏损、大幅下跌亏损，盈利概率变小，但锁定了风险。并且盈亏平衡是"两个点"，两点之间形成价格带，不怕小涨不怕小跌，只要在价格带内震荡即可盈利。

7. 水平蝶式对比

水平组合，买涨卖涨（或买跌卖跌），利用不同月份合约的 Theta 值，快快赚钱，慢慢亏钱，达到只要标的没有巨幅波动即可盈利的效果。水平看震荡，利用的是时间，且预判波动率不动或走低。

蝶式组合，在同期内买卖高、中、低三个行权价，利用牛熊垂直两个组合，强行拉开了震荡区间，只要标的在盈亏平衡点之内震荡，即可盈利。水平看震荡，利用的是价差，且完全对冲了波动率。

以上几组对比，总结起来就是两大关键词：标的波动方向、波动率升降。具体说来就是：（1）想要大盈利赚大钱，就要赌对标的波动方向，赌对波动率升降。这是投一拿十。（2）想要稳定赚钱，就要锁定一个变量，或者锁定标的波动方向，或者锁定波动率，但只要锁定一个变量，就同时锁定了最高盈利。这是投十拿一。

再往细分，标的波动方向分为三种，锁定两个方向即可盈利，必然风险增大。锁定一个方向才能盈利，必然盈利有限。

风险与收益成正比，所谓"舍得"。

5.2　隐含波动率角度下的策略

隐含波动率，是市场参与者对市场后市的预期。若预期后市价格会有大幅波动，则会争相购买看涨、看跌期权，将期权价格推高。相反，若预期后市价格波动幅度减少，对看涨、看跌期权的购买热情消退，期权价格由于供大于求而降低。我们从隐含波动率的角度重新审视一些基础策略。下文中看涨期权所举案例，皆适用于看跌期权。

5.2.1　方向做对反而亏损

为什么标的上涨，买进看涨期权反而会亏损呢？这就是期权中吊诡的地方，原因涉及期权定价模型的问题，在此就不阐述了，因为需要一定高阶数学知识。我们简单地做一解释。

先说什么是隐含波动率，隐含波动率是将市场上的期权或权证交易价格代入权证理论价格模型"Black-Scholes模型"，反推出来的隐含波动率数值。也就是说，如果要计算某个期权价格，需要隐含波动率数值。打个比方，期权价格＝A×隐含波动率。将隐含波动率的值代入公式中后，便可求出期权价格。

可隐含波动率数值我们并不知道，所以它称为"隐含"。

比如我们现在去买一张 50ETF 的期权，给出报价是 X 元，我们愿意接受，那么成交价就是 X 元，我们不但不知道隐含波动率是多少，甚至完全不了解什么是隐含波动率。所以在真正的交易中，全市场的交易行为，就包含了隐含波动率的值。隐含波动率的值是怎么计算出来的呢？用上面的公式反推出来。

还是那个打比方的公式：期权价格＝A×隐含波动率。

期权价格在交易中产生，A 是公式中已知的部分，反推一下，隐含波动率＝期权价格/A。

隐含波动率会变化，或变高或变低。什么时候变高，什么时候变低呢？

想一下我们以 X 元买进看涨期权的初衷，为什么买？因为我们看涨。既然是看涨，就代表我们认为后市 50ETF 有向上的波动。你也认为有波动，我也认为有波动，他也认为有波动，你、我、他的看法就是市场对于走势的预期。既然大部分人预期它会涨，那么大家都来买，买的比卖的多，造成期权价格的上涨。

需要注意的是，此时 50ETF 或许并没有上涨，而是市场先生认为 50ETF 要涨了，就会导致 50ETF 看涨期权价格的上涨。这是一件非常有意思的事。

上涨，代表向上波动。波动的幅度就是波动率。但 50ETF 现在上涨了吗？没有，只是市场先生的预期，所以称之为"隐含"波动率。所以市场先生预期波动的幅度越大，隐含波动率就越高，买的人就越多，期权价格就越高。

这也就是我们前文中反复说的，波动率越高，期权价格越高；波动率越低，期权价格越低。谁因谁果已经说不清了，这就是反身性吧。

前文所述，50ETF 或许本身没波动，但市场先生认为它在将来有波动，期权价格就会上涨。反过来，现实走势中 50ETF 或许本身有波动，但市场先生认为它在将来没有波动，期权价格就会下跌。

现在我们来回答看对了方向却亏损的问题。标的价格虽然上涨，但大家认为该标的在未来一段时间内波动并不大，至少比之前的波动要小很多，所以即便标的价格真的上涨了，期权价格还是下跌的。

为什么期权套利比敞口交易应用得更多？因为套利组合可以在某种程度上对冲波动率。标的价格看涨，如果只买进敞口看涨期权，即使标的价格上涨，也还有可能亏损。但用垂直或对角对冲掉波动率，只要标的价格产生了正向波动，策略组合就会产生盈利。所以在不赌显著大涨的情况下，任何看中小幅度的上涨（包括下跌），最好都用组合来完成交易。

我们知道，隐含波动率高，期权定价便高；隐含波动率低，期权定价便低。如果以买进看涨或看跌期权为主要盈利驱动的策略，就要着重参考隐含波动率了。

以上我们用最朴素的、不带数学公式的方法简单阐述了什么是隐含波动率。剩下的问题，就是如何判定当前的隐含波动率是高还是低。

判定隐含波动率的方向有三个方法，分别是纵向相比、横向相比、自我分析。

第一种方法是纵向相比，即当前的隐含波动率与过去的隐含波动率相比。假如过去的隐含波动率在 0 至 100 之间波动，那我们就可以设定如果隐含波动率位于 20 以下，在整体区间的 20％以下即为低位，位于 80 以上即为高位。这是主观的极值判断方法，如果隐含波动率处于波动区间的 50％位，这种方法便失去了标准。

第二种方法是横向相比，即隐含波动率与历史波动率进行比较。如果隐含波动率低于历史波动率，说明隐含波动率较低。如果隐含波动率高于历史波动率，说明隐含波动率较高。

比较隐含波动率只能当作一种参考，就像价格偏离了价值，但不一定会立刻回归价值，也有可能偏离的程度越来越大，甚至价值和价格双双走低。如果隐含波动率低于历史波动率，两者相差 10 个单位，或者隐含波动率与历史波动率双双低走，并且始终相差 10 个单位。在这种情况下，虽然隐含波动率低于历史波动率，也并不意味着隐含波动率一定会上涨。所以麦克米伦对这种方法给出了负面评价："这个理论有不少漏洞。""隐含波动率在预测和即将出现的实际波动率方面是个很差的指标。"

但至少是一种参考，当隐含波动率远远高于历史波动率时，跨式组合这种纯粹多头策略就要小心了。反过来，如果隐含波动率远远低于历史波动率时，反跨式组合也要小心。至于其中相差的幅度最大为多少，则无法确定。当然这种方法可以配合纵向比法使用。当隐含波动率处于低位区间时，且低于历史波动率，说明此时的期权价格位于比较便宜的区间内。

第三种方法是自我分析，麦克米伦称之为诠释图形。其实这是一种比较主观的分析方法，我们在第一种方法中谈到过。当隐含波动率跌至低位区间时，并不代表隐含波动率已经见底了。所以隐含波动率还在下跌趋势中，即便标的见底的特征比较明显，也不要贸然买进看涨期权（或卖出看跌期权）。同样隐含波动率虽然进入了高位区间，在没有明显转向迹象之前，也不要贸然买入看跌期权（或卖出看涨期权）。总之，不要接飞刀，不要拦火车。

另外还有一种成交量指标辅助判断，称为看跌看涨比率。即看跌期权的成交量与看涨期权的成交量之比。

如果看涨期权的成交量过高，则有可能标的会下跌。反之，看跌期权的成交量过高，则有可能标的会上涨。这有点像拉里·威廉姆斯在《择时与选股》中提到的"零股卖空"（零为零散之意），当散户都去做空的时候，也说明见底的时间到了。

表5-1为某标的某时段的看跌看涨比率数据。我们看到看跌成交量一直低于看涨成交量，在期权交易中，买入看涨期权几乎总是多于看跌期权。所以看跌看涨比率通常会小于1。该方法可细化为两种，一种是绝对值法，一种是相对值法。

绝对值法是设定一个阈值，比如0.6。当看跌看涨期权比率达到0.6以上时，说明买入看跌期权的成交量达到看涨期权的成交量的60%以上，买入看跌期权的人太多了，标的可能会下跌。

相对值法要具体问题具体分析：

当标的开始下跌的时候，看跌看涨比率会上涨。

当标的开始上涨的时候，看跌看涨比率会下降。

如果标的上涨的同时，看跌看涨比率也在上涨，忽略该信号。可能场内发生了大量的对冲交易。

总之，相对值法没有定法。但不论绝对值法还是相对值法，都遵循着买入看涨的人多就会下跌、买入看跌的人多就会上涨这一"反人性"铁律。各位读者可自己验证。

表5-1 某标的某时段的看跌看涨比率数据

单位：万	看涨成交量	看跌成交量	看跌看涨比率
4.23	8.62	2.34	0.27
4.24	5.44	2	0.37
4.27	8.34	3.68	0.44
4.28	12	6.14	0.51
4.29	14.1	5.58	0.40
4.30	20.6	11.2	0.54

5.2.2 隐含波动率角度下的买进策略

影响期权多头胜率的因素是什么呢？绝大部分原因来自隐含波动率。由于当前没有极端走势，所以我们要举一个2020年春节后的案例。2020年1月23日50ETF收盘价2.874元。我们都知道2020年春节长假后，50ETF出现了巨幅下跌，当日跌幅达到了7.45%，2月3日收盘2.656元。

春节前一天的近似平值期权50ETF2006－C－2.9在春节后发生了什么呢？图5－1为50ETF2006－C－2.9的日K线图，图中箭头所指的位置就是2020年2月3日，50ETF大幅下跌，但50ETF2006－C－2.9盘中竟然出现过巨幅的上涨，这是为什么？

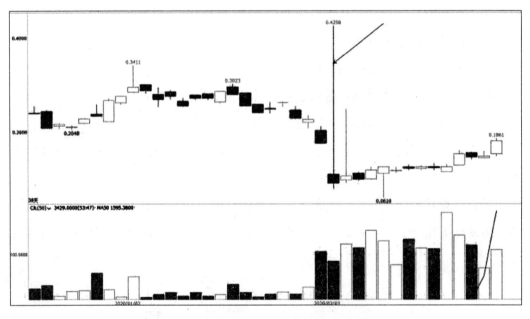

图5－1　50ETF2006－C－2.9日K线图

如果我们打开5分钟图，会发现盘中大幅上涨的K线有两根，这两根5分钟K线共成交99手，如图5－2。也就是说，在春节前裸买50ETF2006－C－2.9看涨期权的人，即使在春节后第一天50ETF大幅下跌的情况下，也能安全出逃。

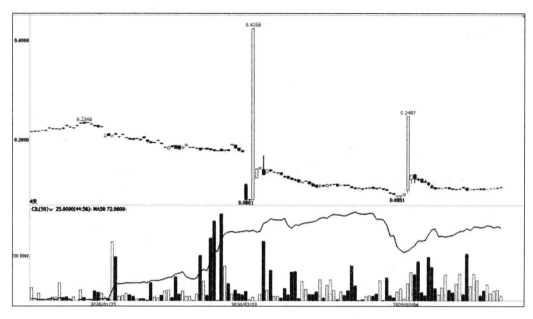

图 5-2 50ETF2006-C-2.9 合约全 5 分钟走势图

你可能会说成交量太少了，没有意义。请注意时间，50ETF 期权总是当月合约交易量最大，此事发生在 2020 年 2 月 3 日，成交量最大的合约就是 50ETF2002-C-2.9。而我们给出的数据是 50ETF2006-C-2.9，它们中间还有 3 个合约正在交易。甚至 50ETF2006-C-2.9 现在还没有成为成交量最大的合约。也就是说 50ETF2006-C-2.9 在当时还不是主力合约的情况下，盘中反弹位置还有 99 手成交，已经非常高了。

通常情况下，近似平值主力合约的成交量是其 3 个月后近似平值合约的 50 倍左右，那么在 2020 年春节后的第一个交易日，近似平值看涨期权主力合约在这两个 5 分钟的成交量大约是 5000 手左右。春节的 50ETF2006-C-2.9 多单，完全有机会全身而退。

你可能会问，有没有可能是 50ETF 当时也出现了短暂的巨幅反弹，带动了看涨期权的上涨呢？从 50ETF 的 5 分钟 K 线图来看并没有，如图 5-3。

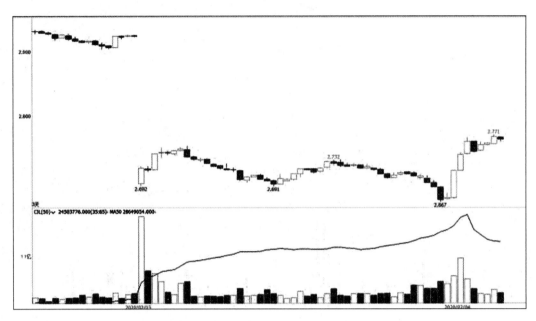

图 5-3　50ETF 的 5 分钟 K 线图

这不是偶然现象。问题出在哪里呢？隐含波动率。

假设：标的 3 元，行权价 3 元，隐含波动率 20％，距离到期还有 4 个月的看涨期权，理论价格为 0.1369 元，如图 5-4。

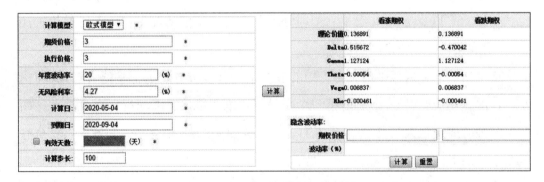

图 5-4　期权计算器计算结果

1 个月后，标的价格、隐含波动率不变，看涨期权的理论价格是多少呢？0.1188 元，时间价值出现衰减，如图 5-5。

图5-5　期权计算器计算结果

我们再假设，1个月后，标的价格不变，看涨期权的理论价格也不变，隐含波动率要上升至多少呢？23.05％，如图5-6。

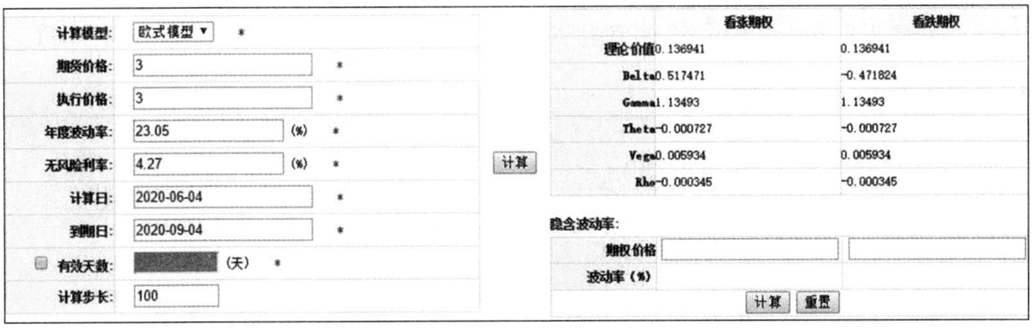

图5-6　期权计算器计算结果

我们都知道隐含波动率越高，期权定价越高；隐含波动率越低，期权定价越低。所以当一切条件都不变的情况下，只要隐含波动率升高，就可以抵御期权价格的下跌。

既然隐含波动率升高，可以抵御期权价格下跌。那么能不能抵御更多负面因素呢，例如，不但时间价值在衰减，连标的也在下跌的情况？

假设1个月后，标的下跌至2.8元，为了保证期权价格不变，波动率需要上涨至多少呢？38.7％，如图5-7。

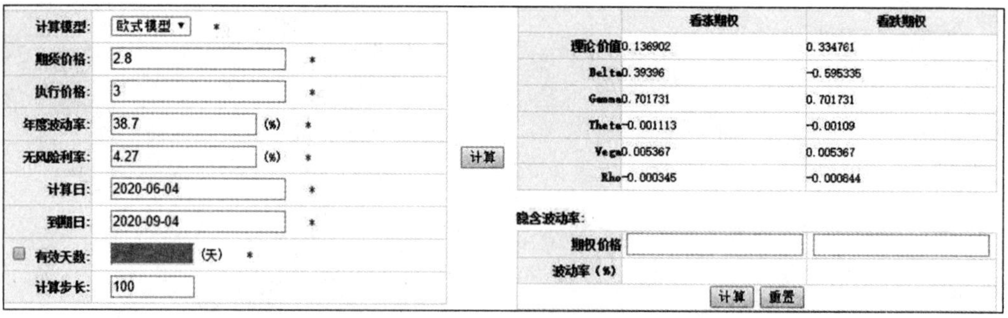

图5-7　期权计算器计算结果

如果在1个月内，隐含波动率由20%上升至38.7%，不但可以抵御时间价值的衰减，还可以抵御标的下跌6.67%。只要隐含波动率上升得足够高，应该可以抵御一切负面因素。

如果在1个月内，隐含波动率由20%上升至146.3%，不但可以抵御时间价值的衰减，还可以抵御标的下跌50%，如图5-8。

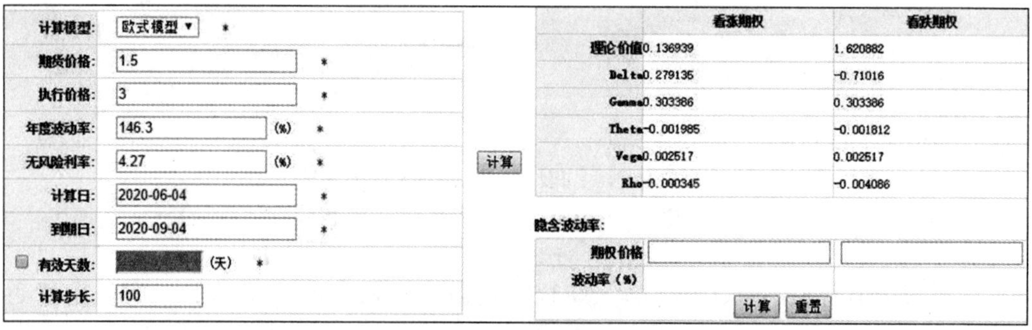

图5-8　期权计算器计算结果

所以对于期权多头来说，关注标的是否上涨，不如关注隐含波动率的方向。对于期权空头来说，虽然可以从每天的时间价值衰减中赚到钱，但如果波动率的升高，超过了时间价值的衰减，波动率大幅提高的情况下，即使标的方向判断准确，也可能遭遇灭顶之灾。

我们以 2020 年 2 月 3 日 50ETF 为例，就是想说，隐含波动率常常在市场崩盘时猛然上涨。

5.2.3 隐含波动率下的垂直策略

假设：

时间为 2021 年 4 月 30 日，到期日 10 月 30 日。

标的＝3 元

隐含波动率＝20％

构建借方牛市价差组合：

买进 C－3，价格 0.1369 元。

卖出 C－3.3，价格 0.0417 元。

借方牛市价差组合成本为（0.0417－0.1369）×10000＝－952 元。1 月后，5 月 30 日，盈亏情况如表 5－2，盈亏曲线如图 5－9。

表 5－2 垂直策略盈亏数据

标的价格	C－3 价格×10000	C－3.3 价格×10000	总盈亏
2.9	0.0740	0.0144	－356
2.95	0.0948	0.0206	－210
3	0.1188	0.0286	－50
3.05	0.1462	0.0389	121
3.1	0.1767	0.0516	299
3.15	0.2101	0.0670	479
3.2	0.2462	0.0853	657
3.25	0.2848	0.1065	831
3.3	0.3254	0.1307	995
3.35	0.3679	0.1579	1148
3.4	0.4119	0.1880	1287

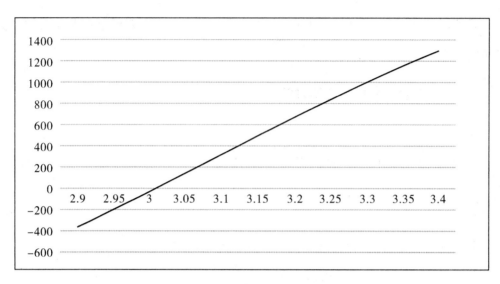

图 5-9 垂直策略盈亏曲线

假设：

时间为 2021 年 4 月 30 日，到期日 10 月 30 日。

标的＝3 元

隐含波动率＝40%

构建借方牛市价差组合：

C－3＝0.2733 元

C－3.3＝0.1628 元

借方牛市价差组合成本（0.1628－0.2733）×10000＝－1105 元。1 个月后，5 月 30 日，盈亏情况如表 5-3，盈亏曲线如图 5-10。

表 5-3　垂直策略盈亏数据

标的价格	C－3 价格×10000	C－3.3 价格×10000	总盈亏
2.9	0.1873	0.0963	－195
2.95	0.2115	0.1115	－105
3	0.2374	0.1283	－14
3.05	0.2649	0.1466	78
3.1	0.2940	0.1664	171
3.15	0.3246	0.1878	263
3.2	0.3567	0.2107	355

续表

标的价格	C—3 价格×10000	C—3.3 价格×10000	总盈亏
3.25	0.3902	0.2351	446
3.3	0.4251	0.2611	535
3.35	0.4612	0.2886	621
3.4	0.4985	0.3174	706

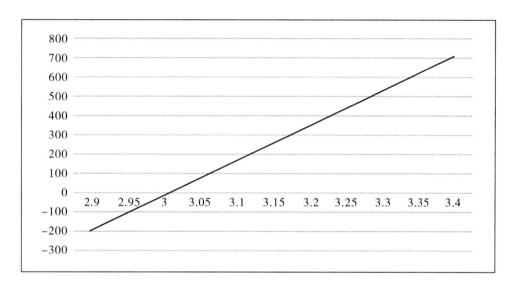

图 5－10　垂直策略盈亏曲线

单独看两个不同隐含波动率的垂直策略盈亏曲线几乎是一样的，但把它们合起来就不一样了，如图 5－11。

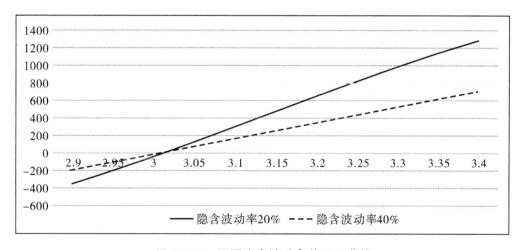

图 5－11　不同隐含波动率的盈亏曲线

其他条件相同的情况下，波动率越小的牛市价差组合盈亏幅度越大，波动率越大的牛市价差组合盈亏幅度越小。

我们在前面做过牛市垂直价差与裸买看涨期权的数据对比。在同样的资金管理条件下，所给出的案例对比中，牛市垂直价差几乎都比纯粹买进看涨期权可获取更多的利润。为什么呢？因为我们给出的几组案例中，恰好标的波动率下行。

结合上文内容，当波动率走低时，单纯买进看涨期权，即使标的价格上涨，也无法抵御波动率带来的负面影响。所以在波动率下行，或者根本不清楚波动率的方向时，最好使用牛市价差组合来替代裸买看涨策略。波动率较低时，单纯买进看涨期权比牛市价差组合的收益要好。

所以我们可以通盘考虑：

第一，当波动率较低时，做敞口，不如做跨式，赌波动率上涨，这样可以既不考虑波动率问题，也不考虑标的方向问题。

第二，当波动率走高但还不太高时，放弃跨式，不再赌波动率的方向，而是赌标的方向，改用垂直价差组合。在此期间波动率走低时，只要标的方向判断正确，也可盈利。好过单纯做期权多头标的方向看对了可能亏损的情况。

第三，当波动率走高，且进入高位区间时，即便做垂直价差也很难再赚到利润了。放弃垂直价差组合，改为反跨式组合。不赌标的方向，只赌波动率下跌。如果在波动率高位区间，波动率还在继续升高时，可以采用反跨式的补救措施。我们在前文讲过，当波动率继续下跌时，补救措施即是再次反跨。

5.2.4 连环保的垂直策略替代

隐含波动率会影响垂直价差组合的盈亏幅度。我们之前在讲垂直价差组合时说过，用同样方向的期权构建，一买一卖，会对冲波动率。那为什么隐含波动率会影响垂直价差组合的盈亏幅度呢？

对冲波动率的意思是，垂直价差组合相对于单纯购买看涨期权或看跌期权时，不论波动率上升还是下降，只要标的方向判断对了，就会盈利。但盈利的幅度并不在考虑之列。

上文提到，当波动率下降或在低位震荡时，垂直价差组合的盈利要比波动率走高或在高位震荡时多。据我们给出的一些回测数据，当波动率下降时，在同样的风险条件下，垂直价差会比单纯敞口交易期权的盈利更多。

只有当波动率上行时，单纯买进期权，比垂直价差组合效率高。为什么呢？就是因为波动率影响了期权定价。

垂直价差可以对冲波动率，卖出腿也能减少组合成本，但它锁住了盈利空间。而单纯期权多头由于是敞口的，盈利空间理论上无限，但它扛不住波动率的下行。

所以在判断波动率会上升或在上升的途中时，裸买期权更好。但我们总是嫌波动率高时，期权太贵。能不能既不丧失裸买期权的好处，又能降低成本呢？

既然是看涨，那就不看跌。不看跌就可以卖出看跌期权。卖出看跌期权增加了收入，可以补回一部分买进看涨期权的支出，从而降低成本。但我们也知道，那些做期权破产的人通常都是这么操作的。只赌一个方向，卖出看跌后买进看涨，几乎相当于无成本赌涨。可一旦标的大幅下跌，买进腿无价值到期，卖出腿要背负巨额亏损。怎么办？

那就对卖出看跌期权再做一个保护，买进虚值看跌期权。如果标的大幅下跌，卖出看跌期权要履约，买进看跌期权可以行权，能少亏一点，并且最大风险是恒定的，不会增加。

过程为：

1. 买进平值看涨期权。

2. 卖出平值看跌期权。

3. 买进虚值看跌期权。

其中2和3是贷方垂直价差组合，和1进行组合，由于2和3是收入组合，既可以减少1的成本，也锁定了下行风险。

我们来举一个例子，2021年4月1日铁矿2109合约收盘价975.5点，构建上述组合。

首先，买进I2109-C-980，价格88.1元。

其次，卖出I2109-P-980，价格86.5元。

I2109-C-980的时间价值为88.1点，2倍的时间价值为176.2点，如果铁矿2109合约下跌，则预计下跌至799.3点（975.5-176.2）。

再次买进I2109-P-800，价格27.8元。

若铁矿2109合约上涨，三条腿组合会一直盈利。所以我们唯一担心的是下行最大风险。假设铁矿 2109 合约会跌到零点，那么：

I2109－C－980 无价值到期；

I2109－P－980 履约，980 点买，0 点卖，亏损 98000 元；

I2109－P－800 行权，0 点买，800 点卖，盈利 80000 元。

收到权利金 8650 元，付出权利金 11590 元（8810＋2780），共支出权利金 2940 元。策略组合，行权、履约后最大亏损为 18000 元，策略组合的最大亏损为 20940 元。

我们给 50000 元风险，可交易 2.39 组，为了便于对比，保留两位小数。

至 4 月 30 日：

I2109－C－980，由 88.1 元上涨至 155 元，盈利 6690 元。

I2109－P－980，由 86.5 元下跌至 42 元，盈利 4450 元。

I2109－P－800，由 27.8 元下跌至 12.7 元，亏损 1510 元。

总盈利为 6690＋4450－1510＝9630 元，2.39 组共盈利 23015.7 元。

再来对比垂直价差组合，4 月 1 日：

买进 I2109－C－980，价格 88.1 元。

I2109－C－980 的时间价值为 88.1 点，2 倍的时间价值为 176.2 点，预计上涨至 1151.7 点（975.5＋176.2）。

卖出 I2109－C－1160，价格 30.5 元。

收到权利金 3050 元，付出权利金 8810 元，权利金差－5760 元，为垂直价差组合的最大亏损。同样给 50000 元风险，可做 8.68 组。

至 4 月 30 日：

I2109－C－980，由 88.1 元上涨至 155 元，盈利 6690 元。

I2109－C－1160，由 30.5 元上涨至 55.5 元，亏损 2500 元。

每组盈利 4190 元（6690－2500），8.68 组共盈利 36369.2 元。

如果从单组对比来看，三条腿方案每组盈利 9630 元，垂直价差方案每组盈利 4190 元，相差 1 倍多。但三条腿方案的总成本过高，导致加入资金管理后，可交易数量过小。不过在交易量如此小的情况下，还能做到与垂直组合相接近的收益，已难能可贵了。

连环保的三条腿方案成本高，但单组盈利高，在对于标的分析的成功率较高的情况下，建议使用连环保的三条腿的方案。

5.2.5 波动率斜率

通常情况下，随着行权的上涨，隐含波动率也在不断升高，这其中隐藏着一个问题。我们都知道实值期权包含了时间价值和内在价值。平值期权和虚值期权只有时间价值。所以期权的虚值程度越高，期权价格越低，注意我们所说的价格越低是指价格的绝对值。

但隐含波动率影响期权价格，隐含波动率越高，期权价格越高；隐含波动率越低，期权价格越低。再加上行权价越高，隐含波动率也越高。这与我们所说期权的虚值程度越高、期权价格越低不是矛盾的吗？不矛盾。注意我们当下所说高、低，是指价格的相对值。

所以在所有的看涨期权中，越是实值期权，它的定价越是相对便宜；越是虚值期权，它的定价越是相对贵；在看跌期权中，同样，越是实值期权，它的定价越是相对贵；越是虚值期权，它的定价越是相对便宜。这种现象称为波动率倾斜。

那有没有相反的情况？有。

看涨期权中，越是虚值期权（行权价越高），隐含波动率反而越低。看跌期权中，越是虚值期权（行权价越低），隐含波动率越高。

隐含波动率倾斜在真实交易中有什么用处呢？这里有一个细节，在于构建套利组合时，买低卖高。隐含波动率的高低，决定期权价格的高低。如果我们现在判断某标的将要上涨，应当怎么做？

首先，买进虚值看涨期权。虽然绝对值便宜，但从隐含波动率来看，定价略高。所以买虚值不如买平值，买平值不如买实值。

需要说明的是：实值的期权定价相对低于平值期权、平值的期权定价相对低于虚值期权。但实值期权的权利金绝对值更大，虚值期权的权利金绝对值最小。在加入资金管理的情况下，虚值期权的总盈利将会比实值期权更大。一定要区分我们表述中的相对与绝对。

其次，我们想构建垂直价差，有借方价差和贷方价差之分。选择哪个呢？借方。为什么？

借方垂直价差是买进低行权价看涨期权，同时卖出高行权价看涨期权。或者，买进平、实值看涨期权，卖出虚、平值看涨期权。那么越是实值定价相对越低，越是虚值定价相对越高。买低卖高，自然是做正常的垂直价差期权。

同理，可以把波动率倾斜的细节代入任何一种组合当中。对以下两种情况，麦克米伦分别给了三种策略：

情况 1：如果隐含波动率向上倾斜，即看实值看涨期权隐含波动率低，虚值看涨期权隐含波动率高。

策略 1：借方牛市垂直价差组合

买进，低行权价，看涨期权。

卖出，高行权价，看涨期权。

策略 2：比率借方牛市垂直价差组合

买进，1 倍，低行权价，看涨期权。

卖出，2 倍，高行权价，看涨期权。

策略 3：比率贷方牛市垂直价差组合

买进，2 倍，低行权价，看跌期权。

卖出，1 倍，高行权价，看跌期权。

策略 1 是顺势垂直价差，是最正常的策略，不用解读。

策略 2 不过是增加 1 倍期权空头头寸。我们在解读比率垂直价差时说过，这种策略下，如果标的真的上涨了，面临着 1 倍空头头寸被指派履约的风险。如果说把空头行权价放得很高，履约风险即便很小，但没有到期之前，在隐含波动率不变的情况下，随着标的价格的上涨，空头头寸账面是浮亏的，所以无法在盘中了结。所有涉及比率的策略，基本都是持有至到期策略。持有至到期相对来说很麻烦，所以除了比率持保看涨外，并不推荐其他各类的比率组合。

策略 3 是策略 1 的镜像。

策略 1 是用看涨期权来赌标的上涨，策略 3 是用看跌期权来赌标的不跌。

策略 1 需要支付现金，策略 3 会收入现金；策略 3 中的盈利驱动因素是卖出腿，买进看跌期权是对卖出腿的保护。不过因为卖高买低时，中间有一个行权价差带，如果标的价格真的下跌，该组合必然会亏损。所以买进腿的保护力度不够，再加1倍保护力量，达成保护平衡。如图5-12。

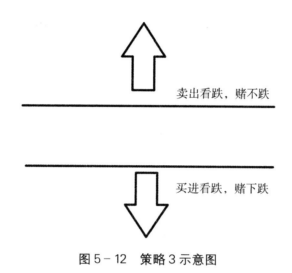

卖出看跌，赌不跌

买进看跌，赌下跌

图5-12　策略3示意图

那么正常的借方牛市价差就不需要双倍保护吗？不需要，因为买进腿赌低位涨，卖出腿赌高位不涨，赌的范围是两个行权价之间，一对一的保护就足够了。如图5-13。

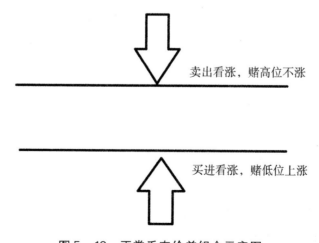

卖出看涨，赌高位不涨

买进看涨，赌低位上涨

图5-13　正常垂直价差组合示意图

以上三种策略，都在遵循着买低隐含波动率，卖高隐含波动率。

情况2：如果隐含波动率向下倾斜，即看虚值看跌期权隐含波动率低，实值看跌期权隐含波动率高。策略是隐含波动的镜像。

策略1：借方熊市垂直价差组合

买进，高行权价，看跌期权。

卖出，低行权价，看跌期权。

策略2：比率借方熊市垂直价差组合

买进，1倍，高行权价，看跌期权。

卖出，2倍，低行权价，看跌期权。

策略3：比率贷方熊市垂直价差组合

买进，2倍，高行权价，看涨期权。

卖出，1倍，低行权价，看涨期权。

其意义与情况1相同。策略3可以弥补贷方垂直价差组合的先天不足，这种方法，麦克米伦称为"后式价差组合"。

若某标的隐含波动率向上倾斜，则当前预判标的价格将会上涨，就用情况1的策略1和策略3。若当前预判标的价格将会下降，又该如何操作？

首先，明确波动率高低情况。

实值看涨期权，隐含波动率低。

虚值看涨期权，隐含波动率高。

实值看跌期权，隐含波动率高。

虚值看跌期权，隐含波动率低。

其次，分析策略。

看空，买实值看跌期权，卖虚值看跌期权。虽然买进腿赌高位下跌、赌低位不跌，要中间的价差，但买（波动率）高，卖（波动率）低，不行，所以无法用看跌期权来构建策略。卖出实值看涨，赌低位下跌，买进虚值看涨，赌高位上涨。盈利驱动是卖出腿，可买 2 倍虚值看涨期权，做双倍保护。这是什么？这其实就是情况 2 的策略 3。这就是镜像的镜像，否定的否定，又绕回来而已。

总结如下：

波动率向上倾斜时看多，情况 1 的策略 1、策略 3。

波动率向上倾斜时看空，情况 2 的策略 3。

波动率向下倾斜时看空，情况 2 的策略 1、策略 3。

波动率向下倾斜时看多，情况 1 的策略 3。

5.2.6 神奇的后式策略

上面我们第一次接触到了后式价差组合，它的原型是贷方垂直价差组合，只不过买进腿多了一倍。它会出现什么样的效果呢？我们来看两组案例。

50ETF 由 2021 年 1 月 29 日 3.704 元（收盘价），上涨至 2 月 10 日的 4.012 元（收盘价）。分别构建借方垂直价差组合与后式价差组合。

2021 年 1 月 29 日借方垂直价差组合：

买进 50ETF2106－C－3.7，价格 0.2445 元。

近似平值期权时间价值＝0.2445－（3.704－3.7）＝0.2405 元。2 倍时间价值 ＝0.2405×2＝0.4810 元。预计上涨幅度为 3.704＋0.4810＝4.185 元。

卖出 50ETF2106－C－4.2，价格 0.0769 元。

总成本与总风险为 1676 元，5000 元总风险可做 2.98 组，为对比精确，保留两位小数。

至 2021 年 2 月 10 日：

50ETF2106－C－3.7，由 0.2445 元上涨至 0.3962 元，盈利 1517 元。

50ETF2106－C－4.2，由 0.0769 元上涨至 0.1482 元，亏损 713 元。

每组盈利 804 元，2.98 组总盈利 2395.92 元。

2021 年 1 月 29 日后式价差组合：

卖出 1 张 50ETF2106－P－4.2，价格 0.5303 元。

买进 2 张 50ETF2106－P－3.7，价格 0.1968 元。

我们要先计算最大风险，如果 50ETF 上涨至 10 元，则：三张期权无价值到期，权利金差为 1367 元（5303－2×1968），为后式价差组合最大盈利。

如果 50ETF 下跌至 0 元，50ETF2106－P－4.2 履约，4.2 元买，0 元卖，亏损42000 元；50ETF2106－P－3.7 行权，0 元买，3.7 元卖，2 张，共盈利 74000 元；权利金差为 1367 元。总盈利 33367 元（74000－42000＋1367）。

不论标的是上涨还是下跌，后式都是盈利的。那么它的风险来自哪里呢？它最大的风险是标的不动，如果至到期时标的处于 3.704 元，则：

50ETF2106－P－4.2 履约，4.2 元买，3.704 元卖，亏损 4960 元；50ETF2106－P－3.7 无价值到期；权利金差为 1367 元。最大亏损 3593 元（1367－4960）。同样给 5000 元风险可做 1.39 组。

所以看跌期权构建的后式价差组合的最大风险＝行权与履约的标的盈亏＋权利金差。

至 2021 年 2 月 10 日：

1 张 50ETF2106－P－4.2，由 0.5303 元下跌至 0.3447 元，盈利 1856 元。

2 张 50ETF2106－P－3.7，由 0.1968 元下跌至 0.0964 元，亏损 2008 元。

每组亏损 152 元，1.39 组亏损 211.28 元。

为什么会亏损？因为比率。这就是我之前所说的所有比率策略，若标的正向运行，盘中了结都会出现亏损，但拿至到期，则会盈利。因此，以基本所有比率策略，都是持有至到期策略。

假设 50ETF 的期权到期时，50ETF 的价格为 4.5 元，三张期权无价值到期，每组可坐收权利金 1367 元，1.39 组可收权利金 1900.13 元。

后式价差组合单笔盈利高于垂直价差组合，但由于后式策略的风险更高，所以加入资金管理后，它的总盈利低于垂直策略。既然如此，为什么还要推荐后式组合呢？因为担心我们把标的方向看错了。

如果价格一直处于 3.704 元附近震荡，那么不论是垂直策略还是后式策略，最终都会亏损。

我们再看垂直策略与后式策略的不同：垂直策略赌的是标的价格正向波动，后式策略赌的是不震荡，只要出现波动就能盈利。或者说垂直策略赌一个方向，后式策略赌两个方向。这是两种策略的主要差别。

如果方向看反了呢？来看一组案例。50ETF在2021年2月18日至4月15日以收盘价计算，从4.007元下跌至3.419元。假设我们在2月10日依然看多，并且构建了牛市看涨期权垂直套利组合和看跌期权后式组合。

借方垂直价差组合：

2021年2月18日：

买进50ETF2106－C－4，价格0.2080元。

近似平值期权时间价值＝0.2080＋（4.007－4）＝0.2150元，2倍时间价值＝2×0.2150＝0.43元。预计50ETF上涨至4.007＋0.43＝4.437元。

卖出50ETF2106－C－4.4，价格0.0819元。

成本与最大风险为3761元，5000元总风险可做1.33组。

至2021年4月15日：

50ETF2106－C－4，由0.2080元下跌至0.0087元，亏损1993元。

50ETF2106－C－4.4，由0.0819元下跌至0.0036元，盈利783元。

每组亏损1210元，1.33组亏损1609.3元。

后式价差组合：

2021年2月18日：

卖出1张50ETF2106－P－4.4，价格0.4696元。

买进2张50ETF2106－P－4，价格0.2012元。

总风险＝标的行权盈亏＋权利金差＝－4000＋672＝－3328元，5000元总风险可做1.5组。

至2021年4月15日：

50ETF2106－P－4.4由0.4696上涨至1.0194元，亏损5498元。

50ETF2106－P－4由0.2012元上涨至0.6023元，盈利8022元。

每组盈利2524元，1.5组盈利3786元。

我们来总结垂直策略与后式策略的区别。

以上涨为例：

1. 垂直赌标的上涨，后式赌标的不震荡。

2. 标的上涨，垂直盈利，后式亏损，持有至到期少有盈余。

3. 标的震荡，垂直亏损，后式亏损。

4. 标的下跌，垂直亏损，后式盈利。

以下跌为例：

1. 垂直赌标的下跌，后式赌标的不震荡。

2. 标的下跌，垂直盈利，后式亏损，持有至到期少有盈余。

3. 标的震荡，垂直亏损，后式亏损。

4. 标的上涨，垂直亏损，后式盈利。

垂直赌一个方向，对了就有钱赚。而后式不论标的是上涨还是下跌，它都有盈利，这就很神奇了。唯一美中不足的情况是，一旦标的出现正向波动，后式只有持有至到期才能盈利。

5.2.7 后式策略与跨式策略对比与结合

既然只有标的价格出现波动时才能盈利，我们为什么不直接做跨式策略呢？

后式价差组合赌标的不震荡，上亦可下亦可，这和跨式非常相似。跨式的盈利曲线是一个 V 形，那么后式策略的盈亏曲线是什么样的呢？

我们用上一节的一组数据。

卖出 1 张 50ETF2106－P－4.4，价格 0.4696 元。

买进 2 张 50ETF2106－P－4，价格 0.2012 元。

到期时盈亏情况如表 5－4，盈亏曲线图如图 5－14。

表 5-4　后式策略盈亏数据

ETF 价格	50ETF 2106－P－4.4 是否履约	50ETF 2106－P－4.4 盈亏	50ETF 2106－P－4 是否行权	50ETF 2106－P－4 盈亏	权利金差	总盈亏
3.5	履约	－9000	行权	10000	672	1672
3.6	履约	－8000	行权	8000	672	672

续表

ETF 价格	50ETF 2106-P-4.4 是否履约	50ETF 2106-P-4.4 盈亏	50ETF 2106-P-4 是否行权	50ETF 2106-P-4 盈亏	权利 金差	总盈亏
3.7	履约	-7000	行权	6000	672	-328
3.8	履约	-6000	行权	4000	672	-1328
3.9	履约	-5000	行权	2000	672	-2328
4	履约	-4000	行权	0	672	-3328
4.1	履约	-3000	不行权	0	672	-2328
4.2	履约	-2000	不行权	0	672	-1328
4.3	履约	-1000	不行权	0	672	-328
4.4	履约	0	不行权	0	672	672
4.5	不履约	0	不行权	0	672	672
4.6	不履约	0	不行权	0	672	672
4.7	不履约	0	不行权	0	672	672
4.8	不履约	0	不行权	0	672	672
4.9	不履约	0	不行权	0	672	672
5	不履约	0	不行权	0	672	672

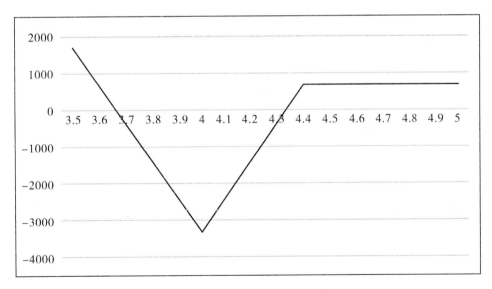

图 5-14　后式策略盈亏曲线图

从盈亏曲线图来看，本例以看跌期权构建的后式策略与跨式策略的盈亏曲线图形左侧是类似的。后式策略盈亏曲线图的右侧是水平的。如果反过来，用看涨期权来构建后式组合，则右侧是类似的，左侧是水平的。

后式与跨式孰优孰劣？各有优劣。跨式两侧是开放的，表示不需要考虑标的运行的方向，只要有大幅的运行即可，也就是说只要波动率看涨，跨式就能盈利。而后式买卖是对冲的，所以不需要考虑波动率的问题，但需要赌方向，即不震荡。

那我们可以得出推论：在高波动率时做后式，在低波动率时做跨式。

另外一种情况是，垂直策略赌一个方向，后式策略赌两个方向。这两者能不能互相结合呢？如果我们垂直的方向赌错了，还有一组后式作为保障。如果我们垂直的方向赌对了，一组后式也能获得权利金差。以5.2.6的两组数据为例。

2021年1月29日垂直策略：

买进50ETF2106－C－3.7，价格0.2445元。

卖出50ETF2106－C－4.2，价格0.0769元。

总风险为1676元。

将5000元总风险拆分一半给垂直策略，2500元风险可做1.49组。

至2021年4月30日，每组盈利804元，1.49组总盈利1197.96元。

2021年1月29日后式策略：

卖出1张50ETF2106－P－4.2，价格0.5303元。

买进2张50ETF2106－P－3.7，价格0.1968元。

总风险3593元。

2500元的风险可做0.7组。

至2021年4月30日，每组亏损152元，0.7组盈利106.4元。

后式策略与垂直策略的组合共盈利1091.56元。如果只做垂直策略盈利2395.92元。

2021年2月18日垂直策略：

买进50ETF2106－C－4，价格0.2080元。

卖出50ETF2106－C－4.4，价格0.0819元。

最大风险3761元，2500元风险可做0.66组。

至 2021 年 4 月 15 日，每组亏损 1210 元，0.66 组亏损 798.6 元。

2021 年 2 月 18 日后式策略：

卖出 1 张 50ETF2106－P－4.4，价格 0.4696 元。

买进 2 张 50ETF2106－P－4，价格 0.2012 元。总风险 3328 元，2500 元风险可做 0.75 组。

至 2021 年 4 月 15 日，每组盈利 2524 元，0.75 组盈利 1893 元。

后式策略与垂直策略的组合共盈利 1094.4 元。如果只做垂直策略亏损 1609.3 元。

我们把上面两组数据结合，再进行对比。

两次垂直策略共盈利 786.62 元。

后式策略与垂直策略结合，两次交易共盈利 2185.96 元。

如果对于标的价格运行的方向判断准确，垂直策略的盈利更多；反过来如果判断错了，后式策略可以弥补垂直策略。如果每次赌价差方向时能把两种策略相结合，将提高胜率。可价格震荡情况下呢？两种策略都会亏损。

5.3　影响期权价格的五个指标

影响期权价格有五个指标，即 Delta、Gamma、Theta、Vega、Rho。虽然在本书前面也提到过 Delta 值、Theta 值，但都没有展开论述。在本书快结束时，我们来仔细讲解一下。

5.3.1　概述

1.Delta：标的价格波动 1 点时，期权价格跟随波动的幅度。

平值看涨期权的 Delta＝0.5，平值看跌期权的 Delta＝－0.5。

当标的向上运行 1 点时，平值看涨期权价格上涨 0.5 点，平值看跌期权价格下跌 0.5 点。

当标的向下运行 1 点时，平值看涨期权价格下跌 0.5 点，平值看跌期权价格上涨 0.5 点。

看涨期权的 Delta 值在 0 至 1 之间，看跌期权的 Delta 值在 -1 至 0 之间。

例如 M2009＝2738，M2009－C－2750＝97.5，Delta＝0.4976。

当 M2009 上涨 1 点至 2739 时，M2009－C－2750 由 97.5 上涨 0.4976 至 98；若 M2009 下跌 1 点至 2837，M2009－C－2750 由 97.5 下跌至 97。

再如 M2009－P－3000＝304，Delta＝-0.7876。

当 M2009 上涨 1 点至 2739 时，M2009－P－3000 由 304 下跌 0.7876 至 303（最小波动价为 0.5，四舍五入）；若 M2009 下跌 1 点至 2837，M2009－P－3000 由 304 上涨 0.7876 至 305。

2. Gamma：衡量 Delta 的变动值，标的每波动 1 点，Gamma 给出 Delta 将会变动的值。Gamma 永远为正值。

如 M2009－C－2750 的 Delta＝0.4976，此时 Gamma＝0.0013。当 M2009 上涨 1 点时，Delta 值由 0.4976 上涨至 0.4976＋0.0013＝0.4989。那么标的继续再向上涨 1 点，M2009－C－2750 的价格将会上涨 0.4989 点，而不是原来的 0.4976 点。

有些看盘软件中显示 Gamma 会大于 1，那是因为将 Delta 的范围看作 -100 至 100，而不是 -1 至 1。

3. Theta：在其他市场条件不变的情况下，随时间流逝期权价值减速的速度，Theta 永为负值。

M2009－C－2750＝97.5，此时 Theta＝-0.6772。如果其他条件都不发生变化，则 10 天后，M2009－C－2750 的价格将会下跌 6.77，至 97.5－6.77＝90.5。

4. Vega：波动率每变动 1 个百分点时期权价值的变化，Vega 永为正值。M2009－C－2750 的隐含波动率为 18.37％，此时 Vega＝5.3068。市场其他条件不变时，当隐含波动上涨 10 个百分点至 28.37％时，M2009－C－2750 将会上涨 53 点。

5. Rho：期权理论价值对利率变化的量化。

M2009－C－2750 的 Rho 值为 -0.2157，即利率每上涨 1 个百分点，期权价格将会下跌 -0.2157 点。

根据上述 5 个指标，我们可以理解每种组合中的风险来自哪里，收益来自哪里，从而更深入地理解期权组合。

5.3.2　用5个指标诠释比率持保看涨策略

第一，持有某ETF多头头寸1万份，每份报价2.86元，持有成本为28600元。

第二，持有2张ETF－C－3价格为0.0186元的空头头寸。

其中：

Delta＝0.2935，标的Delta总值为1。

Gamma＝0.0151。

Theta＝－0.0009。

Vega＝0.0034。

Rho＝0.001。

组合Delta＝－2×0.2935＋1×1＝0.413。

组合Gamma＝－2×0.0151＝－0.0302。

组合Theta＝－2×（－0.0009）＝0.0018。

组合Vega＝－2×0.0034＝－0.0068。

组合Rho＝－2×0.001＝－0.002。

因为Delta为正值，所以整体组合倾向于标的上涨。虽然比率持保看涨中两条卖出腿能为标的提供下跌保护，但保护的范围终究有限。2张空头头寸不过收到372元的权利金，相对于28600元的成本来说，只能提供1.33%的保护。

如果标的上行，虽然两张期权空头头寸会出现账面亏损，但只要标的价格不超过3元，买方不行权，到期就会增加372元的收入。所以整体组合是倾向于标的上涨的。

Gamma＝－0.0302，即标的每上涨1点，Delta都会减少0.0302。随着标的不断的上涨，组合整体的Delta会越来越小，最终达到0；标的继续上涨，Delta变为负值，最终变为－1。

Delta为0，即标的不论怎样波动，策略组合的价格都不会再发生变动。即当Delta达到0时，即为本组合的盈亏平衡点。

标的继续上涨，Delta为负值，策略组合的收益将会出现亏损。由于比率持保看涨策略两条卖出腿，却只有一份备兑。一条腿始终处于裸卖状态，所以标的价格越是上涨，整体组合越是亏损。

Theta＝0.0018，即在其他条件不变的情况下，每过一天，整体组合就增加0.0018的收益。

Vega＝－0.0068，在其他条件不变的情况下，波动率每上涨1个百分点，整体组合就会损失0.0068。我们说过波动率越大，则期权定价越高。但当前我们持有的是期权空头头寸，希望期权价格下跌，其中一个因素就是希望波动率下跌。

我国利率变动不大，没有参考意义。

通过以上分析，可以看出：

1. 比率持保看涨组合，倾向于标的上涨。（Delta）。

2. 但不希望标的过分上涨。（Gamma）。

3. 时间每过一天，组合的收益就多确定一份。（Theta）。

4. 希望波动率下跌。（Vega）。

我们都知道，比率持保看涨的最大收益是，标的上涨至卖出看涨期权的行权价处。此时不论买方是否行权，标的上涨赚钱，期权也赚钱。如果标的上涨太多，那么将会滑过最大收益点，所以不希望涨太多。

不涨那么多，只涨一点点。即波动的幅度不要太大，波动率不要上涨。越是临近到期，组合盈利的可能性就越大。

5.3.3　用5个指标诠释垂直价差策略

某ETF价格2.86元，假设此时给出看涨信号，做垂直价差组合。

近似平值看涨期权ETF－C－2.85＝0.0629元，时间价值＝0.0629－（2.86－2.85）＝0.0529元。2倍时间价值＝0.0529×2＝0.1058元，预计上涨至2.86＋0.1058＝2.966元。

买进ETF2006－C－2.85：

Delta＝0.5407，Gamma＝1.7461，Theta＝－0.0011，Vega＝0.0039。

卖出ETF2006－C－2.95：

Delta＝0.3701，Gamma＝1.6613，Theta＝－0.0010，Vega＝0.0037。

则：

Delta＝0.5407－0.3701＝0.1706。

Gamma＝1.7461－1.6613＝0.0848。

Theta＝－0.0011－（－0.0010）＝－0.0001。

Vega＝0.0039－0.0037＝0.0002。

老前辈的期权圈子里有一句话，远离价差。为什么？

从组合的整体 Delta 值就可以看出来，垂直价差判断标的上涨，但标的每上涨 1 点，组合总价值才提升 0.1706。效率比直接买进看涨期权低了 80％以上。

但我们不这么认为，Vega 值只有 0.0002，即波动率每下降 1 个百分点，组合价值仅下跌 0.0002 元。再看 ETF－C－2.85 的 Vega 值是 0.0039，是垂直组合的19.5 倍。裸买看涨期权，只要波动率出现风吹草动，就会大幅贬值。

垂直是对冲波动率最好的方法之一。虽然每组垂直价差盈利很少，但加上资金管理，就完全不一样了。

ETF－C－2.85＝0.0629 元，裸买看涨期权的每张成本为 629 元。

ETF－C－2.95＝0.0279 元，垂直价差组合的每组成本为（0.0629－0.0279）×10000＝350 元。

即买进 1 张看涨期权，相当于买进 1.8 组垂直价差组合。

1 张看涨期权的 Delta 值＝0.5407，1.8 组垂直价差组合的 Delta 值＝1.8×0.1706＝0.3071。虽然垂直的 Delta 较低，但它不受波动率的影响（Vega），所以根本不用考虑波动率的问题。

并且本例中，卖出腿与买进腿相隔太近，导致整体组合的 Delta 值偏小。如果两腿之间间距较大，垂直组合将完胜裸买看涨期权。

再看 Gamma，虽然绝对值较大，但没用。垂直价差组合两条腿都是看跌期权，Delta 值为负值。标的价格越向上涨，两者的 Delta 值就无限接近于 0。由于是一买一卖，分为一个＋0 一个－0。即标的上涨至一定程度，整体组合的盈利不再跟随价格的波动，盈利有限。

标的越是下跌，两者的 Delta 值都越接近于－1，由于是一买一卖，分为一个＋（－1）和一个－（－1）。所以下跌至一定程度，整体组合的亏损就不再跟随价格的波动，亏损有限。

所以垂直价差组合的盈利，完全靠 Delta 驱动。谁驱动 Delta 呢？标的价格的上涨。

由于 Theta 值基本为 0，Vega 值基本为 0，Gamma 值基本为 0，所以垂直价差可以摒弃一切干扰，只专注于标的方向。

同理我们再看用看跌期权构建的垂直价差组合。

某 ETF 价格 2.86 元。假设此时给出看跌信号，做垂直价差组合。

近似平值看跌期权 ETF－P－2.85 价格 0.0757 元，时间价值＝0.0757 元。2 倍时间价值＝0.0757×2＝0.1514 元，预计下跌至 2.86－0.1514＝2.709 元。

买进 ETF2006－P－2.85：

Delta＝－0.4593，Gamma＝1.7461，Theta＝－0.0010，Vega＝0.0039。

卖出 ETF2006－P－2.7：

Delta＝－0.2169，Gamma＝1.2922，Theta＝－0.0007，Vega＝0.0029。

则：

Delta＝－0.4593－（－0.2169）＝－0.2424。

Gamma＝1.7461－1.2922＝0.4539。

Theta＝－0.0010－（－0.0007）＝－0.0003。

Vega＝0.0039－0.0029＝0.001。

Gamma 无用，Theta 接近于 0，但还是负值，即每拖一天，对整体组合不利。Vega 接近于 0，对冲波动率。所以整体组合的盈利驱动来自 Delta。我们再计算一下垂直价差组合和裸买看跌期权的对比。

ETF－P－2.85＝0.0757 元，裸买 1 张看跌期权的成本为 757 元。

ETF－P－2.7＝0.0233 元，垂直价差组合的成本为（0.0757－0.0233）×10000＝524 元，1 张看跌期权可构建 1.44 组垂直价差组合。

1 张看跌期权的 Delta＝－0.4593，1.44 组垂直价差组合的 Delta＝－0.2424×1.44＝－0.3491。相差不多，但裸买看跌期权的 Vega 是垂直价差组合 Vega 的 3.9 倍。在 Delta 相差不多、波动率不确定的情况下，垂直价差组合更让人放心。

5.3.4 用 5 个指标诠释跨式、反跨式策略

某 ETF 价格 2.86 元，构建跨式策略。

买进 ETF－C－2.85＝0.0617 元：

Delta=0.5407，Gamma=1.7663，Theta=−0.0011，Vega=0.0039。

买进 ETF−P−2.85=0.0731 元：

Delta=−0.4593，Gamma=1.7663，Theta=−0.0010，Vega=0.0039。

则：

Delta=0.5407−0.4593=0.0814。

Gamma=1.7663+1.7663=3.5326。

Theta=−0.0011−0.0010=−0.0021。

Vega=0.0039+0.0039=0.0078。

跨式组合的总成本为（0.0617+0.0731）×10000=1348 元。策略组合 Delta 值很小，因为跨式组合买涨买跌，标的上涨或下跌，都会形成一条腿盈利一条腿亏损的状况。但跨式组合的整体 Delta 值为正值，即倾向于上涨。为什么呢？因为我们标的的现价 2.86 元，买进腿为实值，卖出腿为虚值。

理想情况下，跨式组合的 Delta 值应为 0，是一组中性组合，所以跨式组合并不受 Delta 值影响。

Gamma 值很高，标的上涨 0.001 元，Gamma 值为 0.0035。相当于买进腿的 Delta 变化为 0.5407+0.0035=0.5442，卖出腿的 Delta 变化为−0.4593+0.0035=−0.4558。总 Delta 值=0.5442−0.4558=0.0884。变化并不大。Delta 与 Gamma 都无法驱动跨式组合盈利。

Theta 值为−0.0021，即每拖延一天，跨式组合的总价值就要损失 21 元。组合总成本为 1348 元，如果其他条件都不发生变化的情况下，理论上 64 天后跨式组合的价值将完全消失。每天损失的价值是总成本的 1.56%。所以 Theta 非常重要，跨式组合要尽快在短时间内获取利润，但利润哪里来呢？

Vega=0.0078，波动率每增长 1 个百分点，总组合的价值就会增加 78 元，增长幅度为 78/1348=5.79%。只要波动率增长 4 个百分点，就可以达到 23% 左右的收益。只要波动率增长 17 个百分点，跨式组合的盈利就可以翻倍。

所以跨式组合的驱动因素仅仅在于波动率。我们常规的分析是，跨式持有至到期时，波动率不发生变化，只要标的的单边波动幅度足够大，一条腿行权，即可盈利。但我们反过来想一下，单边波动幅度足够大，意味着什么？意味着波动率的升高。

我们再用它们构建一组反跨式组合：

某 ETF 价格 2.86 元，构建反跨式组合。

卖出 ETF－C－2.85＝0.0617 元：

Delta＝0.5407，Gamma＝1.7663，Theta＝－0.0011，Vega＝0.0039。

卖出 ETF－P－2.85＝0.0731 元

Delta＝－0.4593，Gamma＝1.7663，Theta＝－0.0010，Vega＝0.0039。

Delta＝－0.5407＋0.4593＝－0.0814。

Gamma＝－1.7663－1.7663＝－3.5326。

Theta＝0.0011＋0.0010＝0.0021。

Vega＝－0.0039－0.0039＝－0.0078。

Delta 值为负，总体组合倾向于标的下跌，但 Delta 值的绝对值太小，标的波动并不能通过 Delta 驱动组合盈利。Gamma 值同理。

时间是期权空头的朋友，每拖延一天，反跨式组合就会盈利 21 元。并且这是收入组合，如果不算全备兑保证金的话，不需要支付任何现金。

且 Vega 值为负，波动率每下降一个百分点，即可盈利 78 元。

跨式与反跨式，与 Delta 和 Gamma 无关，都与 Theta 和 Vega 有关。

跨式 Theta 每天亏钱，Vega 看波动率波动方向。

反跨式 Theta 每天赚钱，Vega 看波动率波动方向。

如果波动率的波动方向都对组合有利，跨式的 Theta 每天都会亏损，反跨式的 Theta 每天都会盈利。这样看来，反跨式是不是更容易一些？

确实如此，拿本例的反跨式来说，即便波动率上涨 1 个百分点，亏损 78 元，但 Theta 会对冲回来 21 元，总亏损 57 元。波动率下跌 1 个百分点，盈利 78 元，Theta 每天赚 21 元，可以赚 99 元。

本例跨式，即便波动率上涨 1 个百分点，盈利 78 元，但 Theta 会亏损 21 元，总盈利 57 元。波动率下跌 1 个百分点，则会亏损 99 元。

波动率可以上涨至无穷大，但下跌只会跌到 0（修改规则也无用），所以反跨的盈利有限，风险无限，跨式的风险有限，亏损有限，有失即有得。跨式与反跨式的关键问题：波动率。

5.3.5 用5个指标诠释水平价差与比率水平价差策略

1. 某ETF价格2.86元，构建水平价差组合

卖出近月 ETF－C－2.85＝0.0615元，Delta＝0.5407，Gamma＝1.7691，Theta＝－0.0011，Vega＝0.0039。

买进远月 ETF－C－2.85＝0.1098元，Delta＝0.5505，Gamma＝0.9992，Theta＝－0.0006，Vega＝0.0069。

则：

Delta＝－0.5389＋0.5505＝0.0116。

Gamma＝－1.7691＋0.9979＝－0.7712。

Theta＝0.0011－0.0006＝0.0005。

Vega＝－0.0039＋0.0069＝0.0030。

因为一买一卖，所以Delta值很小。标的上涨或下跌，对于整体组合都不会产生太大的影响。大部分情况下Delta值与Gamma值相同。有意思的是，本组合的Gamma值为负，与Delta值相反。即标的上涨或下跌，会对期权总价值产生加速或减速的影响。

Delta与Gamma相反，是减速。

当标的上涨，整体组合由于Delta值为正值，导致组合盈利。但又因为Gamma值为负值，当标的继续上涨，Delta值逐渐变小。标的继续上涨，Delta值由正转负。即标的越是上涨，整体组合的价值越小。

反过来，当标的下跌，整体组合由于Delta值为正，导致组合亏损。标的继续下跌，Gamma的负值导致Delta值越来越小，标的继续下跌，Delta由正变负。即标的越是下跌，整体组合的价值越小。

上涨也不行，下跌也不行，那只有一条路，不要动。我们看水平价差组合的盈利曲线也是倒V形，只有当标的不动的时候，才能保证整体组合达到最高盈利。

再看Theta＝0.0005，标的不动，每拖延一天，整体标的可获得5元的价值。

Vega＝0.0030，波动率每波动上涨1个百分点，组合会获得30元的盈利。所以本组合倾向于预期标的在未来出现波动。为什么这么说呢？因为本组合由于

Gamma 的原因，上涨和下跌，都会导致组合亏损，所以不希望现在就出现波动。

但由于卖出腿很快就要无价值到期了，而买进腿受波动率的影响，隐含波动率越高，期权定价越高，当近期合约到期时，远期合约能卖出一个价钱。所以希望隐含波动率高，即期望未来会出现高波动。

所以水平价差组合的驱动因素是：

第一，标的价格不要上涨也不要下跌。

第二，每拖一天多赚一天的钱。为了尽快赚到钱，最好在近期期权快到期时构建组合。

第三，隐含波动率上涨。

这难度就大了，现在别动，并且大家认同以后会动，还要一条腿快到期。水平价差组合的条件太多了，所以真正的水平价差的期望可以抛开隐含波动率。现在别动，以后动不动不管，上涨不管，下跌也不管。只要别动就好，每天赚取 Theta。

比率水平价差组合比水平价差能多卖出 1 倍的看涨期权，我们在操作中竭尽全力不履约。

2. 某 ETF 价格 2.86 元，构建比率水平价差组合

卖出 2 倍 ETF－C－2.85＝0.0615 元。

买进 1 倍 ETF－C－2.85＝0.0731 元。

Delta＝－0.5389×2＋0.5505＝－0.5273。

Gamma＝－1.7691×2＋0.9979＝－2.5403。

Theta＝0.0011×2－0.0006＝0.0016。

Vega＝－0.0039×2＋0.0069＝0.0009。

可见，比率水平价差比水平价差更科学。

Delta 值与 Gamma 值同向，即比率价差组合倾向于标的下跌。并且跌得越低越好，Gamma 值会帮助卖出腿赚更多的钱。而不必在乎买进腿。当标的上涨时，Delta 值为负，越涨越亏。

卖出 2 倍看涨期权共收到权利金 1230 元，买进 1 倍看涨期权支付权利金 1098 元，即便标的跌至 0 元，每组比率水平价差组合也能坐收 132 元的权利金。当然这不是比率价差组合的最大收益。最大收益还是标的不动，除坐收卖出腿权利金外，买进腿虽然有所贬值，但还能收回一些成本。

Theta 的绝对值变大，所以每天组合可以获得的价值变成了 16 元，收获了更多的 Theta。

Vega 缩小了 2 倍左右，所以此时可以完全不必考虑波动率的问题了。

比率水平价差组合，以增加标的上行风险为代价，增加 Theta 值的收割，也基本完全对冲了波动率，需要考虑的问题由 3 个变成了 1 个，现在只需要考虑标的不涨即可。

5.3.6　用 5 个指标诠释后式策略

我们在讲后式价差组合时，仅仅是凭借着正常的垂直看涨期权来设计的，而真正的后式价差组合是 Delta 中性贷方垂直价差组合。

拿看涨期权举例。

首先，正常的借方垂直价差期权是买低行权价、卖高行权价。贷方垂直价差期权是卖低行权价、买高行权价。

其次，后式价差组合是卖少量的低行权价、买大量的高行权。因为低行权价看涨期权是实值期权，可以收到更多的权利金。高行权价的看涨期权是虚值期权，相对便宜。如果标的上涨，相当于免费赌标的价格上涨。

少量与大量怎么定义？不是简单的 1 倍与 2 倍的关系，而是靠 Delta 来建立中性组合，即整体组合的 Delta 值为 0。

某 ETF 价格为 2.838 元，近似平值看涨期权 ETF－C－2.85＝0.0506 元，时间价值为 0.0506 元，2 倍时间价值＝2×0.0506＝0.1012 元。预计至少上涨至 2.838＋0.1012＝2.9392 元。

后式策略买高卖低。

买进 2 倍 ETF　C　2.95－0.0209 元。Delta＝0.3259，2 张合约的 Delta 值＝2×0.3259＝0.6518。

为了达到 Delta 中性，必须使 Delta＝0，此时 50ETF2006－C－2.75 的 Delta 值为 0.6752。

若卖出 ETF－C－2.75，可以得到－0.6752 的 Delta 值。

构建后式组合为：

买进 2 张 ETF－C－2.95＝0.0209 元，支付 418 元。

卖出 1 张 ETF－C－2.75＝0.1034 元，收到 1034 元。

组合共收到 616 元的权利金。

ETF－C－2.95，Delta＝0.3259，Gamma＝1.6447，Theta＝－0.0010，Vega＝0.0035。

ETF－C－2.75，Delta＝0.6752，Gamma＝1.6249，Theta＝－0.0010，Vega＝0.0034。

Delta＝0.3259×2－0.6752＝－0.0234。

Gamma＝1.6447×2－1.6249＝1.6645。

Theta＝－0.0010×2＋0.0010＝－0.0010。

Vega＝0.0035×2－0.0034＝0.0036。

Delta 几乎等于 0，构建 Delta 中性组合的目的即在于此，所以 Delta 并不是驱动组合盈利的因素，Gamma 也不是。但还有特殊情况，买进看涨期权的 Delta 值随着标的不断上涨，极限值会上升至 1，买进 2 张看涨期权的 Delta 极限值为 2。卖出看涨期权的 Delta 值随着标的不断上涨，极限值会下降至－1。那么最极限的情况是，Delta 值为＋1。

我们假设一下，当标的价格上涨至 2.95 元时，买进腿 2 张都变成了平值期权，理论上平值期权的 Delta 值为 0.5，2 张则为 1。而卖出腿变成了深度实值期权，它会越来越趋近于 1，由于是卖出，则越来越趋近于－1。此时 Delta 总值还会保持 0 左右。

但当标的价格继续上涨超过 2.95 元的时候，买进腿的 Delta 总值向 2 逼近，卖出腿的 Delta 值却降无可降。Delta 偏离了中性。标的向上超过 2.95 元时，才能盈利，这是向上的盈利平衡点。

如果标的向下跌至 2.75 元时，卖出腿变成了平值期权，Delta 为－0.5。买进腿的还是虚值期权，虚值期权的 Delta 在 0 至 0.5 之间波动，2 条卖出腿，可以与 1 条买进腿维持 Delta 中性。当标的继续向下跌超过 2.75 元时，卖出腿变成了深度实值期权，Delta 逼近－1。买进腿为深度虚值期权，Delta 逼近 0。则整体组合的 Delta 值逼近－1。标的向下超过 2.75 元后，才能盈利，这是向下的盈利平衡点。

标的不动，为什么不能盈利呢？它不也保持了 Delta 中性吗？没错，但后式组合或贷方垂直组合，本身构建的是一个负值价差。

2.95 元买，2.75 元卖，本身就是高买低卖。所以标的不动的情况下，应该维持负值价差直到最后，所以不动会亏损。

Theta 表示每一天，组合都会损失 10 元。Vega 表示波动率每提高 1 个百分点，组合盈利 36 元。价格波动，隐含波动率大概率会升高，所以标的越是向两端波动，越能盈利。

我们知道，正常垂直组合赌一个方向，后式组合可以赌两个方向，两个都赌价格不震荡。那为什么正常的垂直价差组合，买进的是一个正值的低买高卖价差，怎么震荡的时候也会亏损呢？

虽然标的不动，低买高卖维持了正值价差。但购买这个垂直价差组合，是要花钱的。价差不动，无价值到期，花出去的钱当然收不回来了。这是与后式组合的差别。

当用 Delta 来看风险的时候，一定要看极限情况下，整体 Delta 组合的极值问题，虽然构建时是 Delta 中性，但走着走着，就迷失了本性。

5.3.7　策略总结

期权策略分为两种：波动率策略和方向策略，当然也有这两种策略的组合使用。

1. 裸买、裸卖看涨、跌期权

ETF－C－2.85＝0.0509 元：

Delta＝0.5047，Gamma＝1.8107，Theta＝－0.0011，Vega＝0.0038。

50ETF2006－P－2.85＝0.0818 元：

Delta＝－0.4953，Gamma＝1.8107，Theta＝－0.0010，Vega＝0.0038。

Delta 和 Gamma 为正，受标的方向影响，凡 Gamma 为正，即有 Theta 为负，时间是敌人。Vega 为正，即受波动率影响。

所以裸买看涨、看跌期权，是最难把控的一种操作模式。每天都面临着 Theta 衰减，方向不对可能亏损，波动率降低可能会亏损，而且受波动率的影响更大。所以即便面临着方向的错误，只要波动率升高，也有可能全身而退。

又因为受两种因素的影响，如果方向和波动率都给出正面配合，则会产生巨大的收益。操作最难，收益也最大。

2. 持保看涨和比率持保看涨

某 ETF 价格 2.84 元。

ETF－C－3＝0.0140 元：

Delta＝0.2579，Gamma＝1.4672，Theta＝－0.0009，Vega＝0.0031。

买进标的后，卖出看涨期权，构建持保看涨。

Delta＝1－0.2579＝0.7421。

Gamma＝－1.4672。

Theta＝0.0009。

Vega＝－0.0031。

Delta 和 Gamma 过度上涨或过度下跌，都会造成亏损。Theta 为正，时间是朋友。Vega 为负，赌波动率下跌。持保看涨组合是波动率策略，当波动率较高时，构建持保看涨组合最有利。

买进标的后，卖出 2 倍看涨期权，构建比率持保看涨。

Delta＝1－2×0.2579＝0.4842。

Gamma＝－1.4672×2＝－2.9344。

Theta＝0.0009×2＝0.0018。

Vega＝－0.0031×2＝－0.0062。

Delta 为正，Gamma 为负，加强了不能过度上涨或过度下跌的程度。

Theta 为正，加强了时间是朋友的程度。

Vega 为负，加强了赌波动率下跌的程度。

比率持保看涨组合，是加强版的波动率组合。波动率越高，越应构建比率持保看涨组合。

3. 借方垂直价差组合

买进 50ETF2006－C－2.85：

Delta＝0.5047，Gamma＝1.8107，Theta＝－0.0011，Vega＝0.0038。

卖出 50ETF2006－C－2.95：

Delta＝0.3325，Gamma＝1.6501，Theta＝－0.0010，Vega＝0.0035。

则：

Delta＝0.5047－0.3325＝0.1722。

Gamma＝1.8107－1.6501＝0.1606。

Theta＝－0.0011＋0.0010＝－0.0001。

Vega＝0.0038－0.0035＝0.0003。

Delta、Gamma 为正，受标的方向影响，Theta 为负，时间是敌人，但已对冲。Vega，已对冲。

借主方垂直价差组合是方向策略。

4. 比率借方垂直价差组合

买进 1 倍 50ETF2006－C－2.85：

Delta＝0.5047，Gamma＝1.8107，Theta＝－0.0011，Vega＝0.0038。

卖出 2 倍卖出 50ETF2006－C－2.95：

Delta＝0.3325，Gamma＝1.6501，Theta＝－0.0010，Vega＝0.0035。

则：

Delta＝0.5047－2×0.3325＝－0.1603。

Gamma＝1.8107－2×1.6501＝－1.4895。

Theta＝－0.0011＋2×0.0010＝0.0009。

Vega＝0.0038－2×0.0035＝－0.0032。

Delta、Gamma 为负，倾向于下跌。

但由于是比率，标的上涨时，买进腿的 Delta 极值为 1，卖出腿的 Delta 极值为－2，总极值为－1，越涨越亏。标的下跌时，买进腿的 Delta 极值为 0，卖出腿的 Delta 极值为 0，总极值为 0，下跌无意义。

由于比率垂直价差组合的权利金收支情况差不多，所以该组合不能期盼过多上涨，也不能期盼过多下跌。上涨位置越接近卖出腿行权，越能达到最大盈利区间，还得持有至到期，所以这就很难把握了。

Theta 为正，时间是朋友，所以要持有到期。Vega 为负，小幅上涨，波动不大，波动率下跌，才能盈利。可见，比率借方垂直价差既受方向影响，也受波动率影响。

5. 贷方垂直价差组合

买进 50ETF2006－C－2.95，Delta＝0.3325，Gamma＝1.6501，Theta＝－0.0010，Vega＝0.0035。

卖出 50ETF2006－C－2.85，Delta＝0.5047，Gamma＝1.8107，Theta＝－0.0011，Vega＝0.0038。

则：

Delta＝0.3325－0.5047＝－0.1722。

Gamma＝1.6501－1.8107＝－0.1606。

Theta＝－0.0010＋0.0011＝0.0001。

Vega＝0.0035－0.0038＝－0.0003。

Delta、Gamma 为负，标的越跌越赚，越涨越亏，风险有限。Theta 为正，Vega 为负，已对冲。

可见，贷方垂直价差组合是方向策略。

6. 后式组合

买进 2 倍 50ETF2006－C－2.95，Delta＝0.3325，Gamma＝1.6501，Theta＝－0.0010，Vega＝0.0035。

卖出 1 倍 50ETF2006－C－2.85，Delta＝0.5047，Gamma＝1.8107，Theta＝－0.0011，Vega＝0.0038。

则：

Delta＝2×0.3325－0.5047＝0.1603。

Gamma＝2×1.6501－1.8107＝1.4895。

Theta＝－0.0010×2＋0.0011＝－0.0009。

Vega＝2×0.0035－0.0038＝0.0032。

Delta、Gamma 为正，倾向于上涨。

由于是比率组合，当标的上涨时，买进腿 Delta 的极值为 2，卖出腿 Delta 的极值为－1，总极值为 1，越涨越赚。当标的下跌时，买进腿 Delta 的极值为 0，卖出腿 Delta 的极值为 0，总极值为 0，下跌无意义。

但后式组合是贷方策略，即构建时会收到权利金，所以下跌到 Delta 极值附近时，还有利润可赚。

Theta 为负，时间是敌人。Vega 为正，波动率越大，盈利越大。因为买进腿比卖出腿多一条，所以受波动经正向影响。

7. 水平价差组合

买进 50ETF2009－C－2.85，Delta＝0.5304，Gamma＝1.0155，Theta＝－0.0006，Vega＝0.0068.

卖出 50ETF2006－C－2.85，Delta＝0.5047，Gamma＝1.8107，Theta＝－0.0011，Vega＝0.0038。

则：

Delta＝0.5304－0.5047＝0.0257。

Gamma＝1.0155－1.8107＝－0.7592。

Theta＝－0.0006＋0.0011＝0.0005。

Vega＝0.0068－0.0038＝0.0030。

Delta 为正，Gamma 为负，表示标的过度上涨或下跌，都会造成亏损。Theta 为正，时间是朋友。Vega 为正，表明波动率越走高，盈利越多。

水平价差是一个特例，因为它不希望标的有波动，但又期盼波动率走高，虽然两个条件有可能同时满足，但它本质上赚的是 Theta 衰减。所以水平价差组合勉强算是波动率策略。

8. 比率水平价差组合

买进 1 倍 50ETF2009－C－2.85，Delta＝0.5304，Gamma＝1.0155，Theta＝－0.0006，Vega＝0.0068.

卖出 2 倍 50ETF2006－C－2.85，Delta＝0.5047，Gamma＝1.8107，Theta＝－0.0011，Vega＝0.0038。

则：

Delta＝0.5304－2×0.5047＝－0.4790。

Gamma＝1.0155－2×1.8107＝－2.6059。

Theta＝－0.0006＋2×0.0011＝0.0016。

Vega＝0.0068－2×0.0038＝－0.0008。

Delta、Gamma 为负，倾向下跌。

由于是比率，当标的上涨时，买进腿的极值为 1，卖出腿的极值为－2，总极值为－1，越涨越亏。当标的下跌时，买进腿的极值为 0，卖出腿的极值为 0，总极值为 0，下跌无意义。

但比率水平价差构建时为贷方组合，无意义到期，坐收权利金。

Theta 为正，比正常的水平价差组合大了 3 倍，时间是朋友。负值 Vega，已对冲。

比率水平价差组合更科学，对冲了波动率后，只要标的不波动，即可坐收大量的 Theta 衰减所带来的利润。

9. 对角价差组合

买进 50ETF2009－C－2.85，Delta＝0.5243，Gamma＝1.0187，Theta＝－0.0006，Vega＝0.0068。

卖出 50ETF2006－C－2.95，Delta＝0.4956，Gamma＝1.8149，Theta＝－0.0011，Vega＝0.0038。

则：

Delta＝0.5243－0.4956＝0.0287。

Gamma＝1.0187－1.8149＝－0.7962。

Theta＝－0.0006＋0.0011＝0.0005。

Vega＝0.0068－0.0038＝0.0030。

Delta 为正，Theta 为负，表示过度的上涨或下跌，都会造成亏损。Theta 为正，时间是朋友，Vega 为正，受波动率正向影响。这其实和水平价差组合一模一样。只不过对角有绝对值更高的 Delta 值和 Theta 值，所以可以将标的波动的幅度进行拉伸。不推荐做普通对角期权，做普通对角期权不如做比率对角组合。

10. 跨式、宽跨式组合

买进 50ETF2006－C－2.85，Delta＝0.5047，Gamma＝1.8107，Theta＝－0.0011，Vega＝0.0038。

买进 50ETF2006－P－2.85，Delta＝－0.5007，Gamma＝1.8149，Theta＝－0.0010，Vega＝0.0038。

则：

Delta＝0.5047－0.5007＝0.0040。

Gamma＝1.8107＋1.8149＝3.6256。

Theta＝－0.0011－0.0010＝－0.0021。

Vega＝0.0038＋0.0038＝0.0076。

Delta 为 0，Gamma 为正，不受方向影响。Theta 为负，时间是敌人，Vega 为正，对波动率影响很大。

跨式、宽跨式是波动率策略。

11. 反跨式、反宽跨式组合

卖出 50ETF2006－C－2.85，Delta＝0.5047，Gamma＝1.8107，Theta＝－0.0011，Vega＝0.0038。

卖出 50ETF2006－P－2.85，Delta＝－0.5007，Gamma＝1.8149，Theta＝－0.0010，Vega＝0.0038。

则：

Delta＝－0.5047＋0.5007＝－0.0040。

Gamma＝－1.8107－1.8149＝－3.6256。

Theta＝0.0011＋0.0010＝0.0021。

Vega＝－0.0038－0.0038＝－0.0076。

Delta 为 0，Gamma 为负，不受方向影响。Theta 为负，时间是朋友，Vega 为负，对波动率影响很大。

反跨式、反宽跨式是波动率策略。

12. 蝶式价差组合

买进 1 倍 50ETF2006－C－2.6＝0.2208，Delta＝0.8185，Gamma＝1.2022，Theta＝－0.0008，Vega＝0.0025。

卖出 2 倍 50ETF2006－C－2.85＝0.0475，Delta＝0.4884，Gamma＝1.8173，Theta＝－0.0011，Vega＝0.0038。

买进 1 倍 50ETF2006－C－3.1＝0.0056，Delta＝0.1326，Gamma＝0.9776，Theta＝0.0011，Vega＝0.0021。

则：

Delta＝0.8185－2×0.4884＋0.1326＝－0.0257。

Gamma＝1.2022－2×1.8173＋0.9776＝－1.4548。

Theta＝－0.0008＋2×0.0011－0.0011＝0.0003。

Vega＝0.0025－2×0.0038＋0.0021＝－0.0030。

Delta 值几乎为 0，理论上也应当为 0。

当标的上涨时，两条买进腿的极值为 2，两条卖出腿的极值为－2，总极值为 0。

当标的下跌时，两条买进腿的极值为 0，两条卖出腿的极值为 0，总极值为 0。即过度的上涨或下跌，对于蝶式套利来都没意义。

蝶式是两组价差，一组为正价差，一组为负价差，正负价差相等。

Theta 为正，对于蝶式价差，持有至到期的效率最高，因为时间是朋友。Vega 为负，受波动率的反向影响。

蝶式价差组合，不希望价格过大幅度的震荡，等待到期，所以底层逻辑就是波动率下行。

蝶式受方向影响，也受波动率影响。

以上是几种常见的价差组合，我们通过 5 个指标的正或负分析了每种组合的风险和驱动因素。简而言之，若能预判价格走向，那就用方向性策略；若能预判震荡，那就用正负 Delta、Gamma 的策略；若判断不了方向，只能判断波动率，那就用波动率策略。

工具有了，剩下的就请市场来出题了。

5.3.8　再论 Delta

在商品期货交易中，期权并没有太大的优势，除非利用杠杆。我们举个例子。

以豆粕某合约为例，如果我们以 2826 元买进豆粕，并且以 2770 元为止损点，给 5600 元的总风险，可以做 10 手豆粕多单。

作为对比，买进近似平值期权 C－2850，每张期权价值 910 元。5600 元的总风险可以交易 6.15 张，为了精确对比，保留 2 位小数。

此时豆粕标的多单的总 Delta 值为 10，每张看涨期权的 Delta 值为 0.4741，6.15 张看涨期权的总 Delta 值＝6.15×0.4741＝2.9157。即豆粕每上涨 1 点，豆粕多单可赚 10 个点，获利 100 元。6.15 张看涨期权约赚 3 个点，即 30 元。

如果豆粕不断上涨，平值看涨期权的 Delta 值也不会一直不变，它会慢慢趋近于 1。假设豆粕不断上涨，使每看涨期权的 Delta 值都趋近 1 了，则看涨期权的总 Delta 值为 6.15。

也就是买 10 手豆粕，和同样风险下买 6.15 张看涨期权对比，不论豆粕上涨到

1 万点还是 10 万点，期权的收益率永远处于劣势。

问题出在哪里呢？以 2826 元买进豆粕和以 2770 元为止损幅度作为交易依据，止损幅度非常小。如果我们以 2611 元为止损点，止损幅度为 2150 元，5600 元的风险可以做 2.6 手。此时的 Delta 总值为 2.6。比买进 6.15 手的看涨期权的总 Delta 值 2.9157 要小。

那便有了如下对比：

买 2.6 手豆粕与买 6.15 手看涨期权对比，买期权赚得更多。

买 10 手豆粕与买 6.15 手看涨期权对比，买豆粕赚得更多。

可见，差别就在 Delta 总值的对比上。

但是止损信号并不是我们随便给出的，而是根据交易系统给出的止损位置来判断。所以在本例中，我们必须以 2770 元为止损点，那么在这种情况下，买期权与买标的做权衡，显然是直接买标的更划算。有没有办法在不变止损幅度，即不影响买标的总交易量的情况下，使买期权赚得更多呢？既然不能影响买标的总交易量，那就只能变更购买期权的交易量了。

每张看涨期权的 Delta 最大值为 1，标的给出了巨大的涨幅，使得每张看涨期权的 Delta 值都为 1。那么至少买进 11 张看涨期权，才能追赶上买 10 手标的 Delta 总值 10。那么买 11 张看涨期权，需要花费 $11 \times 910 = 10010$ 元。

我们不能确定豆粕上涨的幅度肯定能使当前的平值期权的 Delta 值达到 1，我们最高估值为 0.7。那就必须买进 $11/0.7 = 15.7$ 张看涨期权，需要资金 $15.7 \times 910 = 14287$ 元。

也就是说，如果想比直接买进标的赚得更多，就需要买进更多数量的看涨期权，给出更高的风险才可以。

不过看似风险很高，但真正的风险也并没有那么高。因为当标的下行 56 个点止损时了结看涨期权。标的下跌 56 个点，也不是下跌至 0，不会将本金全部亏光，所以真实风险并没有那么大。

真正的风险在于标的长期不动，既不上涨，也不下跌触发止损。持有数量庞大的看涨期权每天的价值衰减，加上波动率的下滑，会比标的价格下行造成的损失更大。

所以我们还是不建议通过放大购买看涨期权的量，来实现超过直接购买标的的盈利。除非选择起涨点的准确率非常高。

那么通过购买深度虚值期权来实现盈利，需要考虑 Delta 吗？也需要。

假设我们现在买进 C-3250，每张价值 310 元，每张 Delta 值 0.0489。给 5600 元的风险，可买 18.06 张，总 Delta 值＝$18.06 \times 0.0489 = 0.8831$。

在豆粕上涨初期，18 张深度虚值看涨期权其实没什么盈利。

如果豆粕上涨的幅度越来越大，当深度虚值期权变成平值期权时，即豆粕由 2826 元上涨至 3250 元时，每张看涨期权的 Delta 值变为 0.5，18.06 张的总 Delta 值为 9.03。此时即便是 18.06 张看涨期权的总 Delta 值，也没有买 10 手豆粕的总 Delta 值更高（10）。

所以只有当豆粕价格继续上涨，使平值期权变为实值期权时，例如每张期权的 Delta 值变为 0.7，18.06 张的总 Delta 值为 12.64，这时才刚刚超过直接买豆粕的理论盈利速度。但真实盈利由于前期落后比较多，所以还不能比。只有豆粕继续向上涨，看涨期权的总盈利才能达赶超。

以上述计算来看，买 C-3250 的"彩票"，还不如直接买标的，这样算来，这张"彩票"卖的就有点贵了。当然我们以上的计算是假设隐含波动率不变，如果豆粕价格巨幅上涨，波动率也会提高，同样会推高看涨期权的价值。

总体来说，同样的止损，直接买标的会将所有风险总额亏损完。而期权只会亏损一部分，大多数情况下，盈利总额要少于直接购买标的。若想盈利总额超过直接交易标的，则需要放大交易期权的数量。那么在同样的止损情况下，期权也会出现同样的亏损额。即我们买 20 张看涨期权，对应 10 手豆粕，当豆粕止损后亏损 5600 元，20 张看涨期权很可能也会亏损同样多的钱。

如果把亏损拉齐，放大期权交易数量，期权会比标的赚得更多。

如果把总的绝对风险拉齐，期权交易数量少，期权会比标的亏得更少。

如果确定了每次交易都承担同样的亏损，那就放大期权交易数量吧。